Der Heilige
GRAL

Der Heilige
GRAL

MYTHOS DES ABENDLANDES

FRANJO TERHART

p

Inhalt

Queen Street House
4 Queen Street
Bath BA1 1 HE, UK

Producing: ditter.projektagentur Gmbh
Projektkoordination und Bildbeschaffung:
Irina Ditter-Hilkens
Lektorat: Sabine Baumgartner
Design & Layout: Claudio Martinez

Lithografie: Klaussner Medien Service GmbH

ISBN: 978-1-4054-7979-0

Printed in Malaysia

Der Gral in Literatur und Musik 18

Die christliche Tradition des Grals 48

Bedeutende Gralsorte in Europa 70

Galahad war der edelste und reinste Ritter von allen. Als Sohn von Lanzelot war es ihm als einzigem Ritter der legendären Tafelrunde des Königs Artus vergönnt, den Gral zu finden und direkt zu ihm zu gelangen.

Der Heilige Gral

Ein abendländischer Mythos

Vermutlich ist er der berühmteste Mythos des Abendlandes: der Heilige Gral, dessen vielschichtiger Legendenstoff auch heute noch Rätsel aufgibt. Was hat es auf sich mit dem Glauben an einen rätselhaften, symbolischen Gegenstand und dessen magische Wirkung? Was genau ist der Gral? Eine unbeantwortete Frage, scheint doch seine Identität immer noch nicht geklärt zu sein. Ist er ein Kelch, eine Schale, ein Edelstein aus der Krone Luzifers, ein Meteorit, ein Gefäß mit dem Blut Christi, ein Deckname für das Turiner Grabtuch oder das ketzerische Symbol dafür, dass das Blut des Gekreuzigten in der Gralsschale auf seine leiblichen Nachkommen hinweist, wie es Dan Brown in seinem Megaseller „Sakrileg/Da Vinci Code“ aufgreift? Fragen ohne Antworten und das nun seit fast 1000 Jahren. Das Geheimnis des Grals wollten schon viele enträtseln: die Katharer, die Tempelritter, die Freimaurer und die Nationalsozialisten im „Dritten Reich“. Hollywood machte es zum Thema in zahllosen Filmen.

Die Herkunft des Wortes „Gral"

Bereits die Herkunft des Wortes „Gral" ist umstritten: Möglicherweise stammt es vom altfranzösischen „gradalis", einem vertieften Gefäß, das stufenweise Nahrung darbietet und im Mittelalter an vielen Höfen verbreitet gewesen ist. Doch den Gral auf einen schnöden Haushaltsgegenstand zu reduzieren wäre zu profan, laufen im Gralsmythos doch verschiedene Traditionen zusammen, sodass eine Vermischung aus keltischen, christlichen und orientalischen Legenden und Vorstellungen entstanden ist. Eine davon besagt, dass der Kelch beim letzten Abendmahl, bevor Jesus verurteilt und gekreuzigt wurde, zum Einsatz kam. Unter dem Kreuz soll der

Ist der Gral der Abendmahlskelch, den Jesus vor seinem Tod benutzte? Ist er eine Schale oder ein Gefäß, in das Joseph von Arimathia das vergossene Blut Jesu am Kreuz auffing? Oder ist er ein Symbol für leibliche Kinder des Erlösers?

Freund Jesu, der reiche Kaufmann Joseph von Arimathia gestanden haben. In einem Kelch oder in der erwähnten Abendmahlsschale soll er das Blut Jesu aufgesammelt haben. Später sei er nach Glastonbury in Südengland gereist. Dort habe er den Gral an der Quelle Chalice Well vergraben.

Die literarischen Quellen

Im ursprünglichen und unvollendeten Parzival-Text von Chrétien de Troyes aus dem Jahr 1180 ist an keiner Stelle ausdrücklich die Rede davon, dass der Gral ein Becher oder eine Schale ist. Er gleicht eher einem Stein, genauer gesagt, einem Meteoriten. Ein solcher ist er auch bei Wolfram von Eschenbach. In Sir Thomas Malorys Roman „Der Tod Arthurs", entstanden in der Mitte des 15. Jahrhunderts, aber auch in vielen anderen Texten aus dem 13. Jahrhundert, wird der Gral als ein goldenes Gefäß beschrieben, in dem ein Teil des heiligen Blutes von Jesus Christus aufbewahrt wird – eben dasjenige, das Joseph von Arimathia der Nachwelt anvertraut hat. Die Kraft des Grals ist überwältigend. Sein hell strahlendes Licht ist für die Unreinen unerträglich, was ein Hinweis darauf sein kann, dass er dem Suchenden nur nach einer langen Einweihungszeit erfahrbar wird. Ideengeschichtlich scheint der Gral eng mit dem Mythos von Gut und Böse verbunden: Das Licht kämpft gegen die Finsternis, die Seele gegen ihre Gefangenschaft in der Materie. Der Gral selbst kann nur von einem reinen Menschen ohne Sünde mit den Waffen Lanze und Schwert in der Hand errungen werden.

Ein alter Mythos

Wie alt der Mythos vom Heiligen Gral ist, lässt sich kaum bestimmen. Der Gral selbst ist nicht wirklich fassbar und bewahrt sein mythisches Geheimnis. Das vorliegende Buch stellt alle literarischen Quellen des 12. und 13. Jahrhunderts zum Thema Gral vor, die Richard Wagner in seiner Oper „Parsifal" aus dem Jahr 1882 wieder aufgegriffen hat. Es beschreibt die Gralssucher wie Templer oder Katharer und die möglichen Gralsorte in Frankreich, Spanien, Italien oder England. Ausführlich wird auf die unterschiedlichen Gralsvorstellungen eingegangen ebenso wie auf die Theorie, Jesus habe mit Maria Magdalena Kinder gehabt und der Gral lege darüber Zeugnis ab.

Die Ursprünge des Gralsmythos

Der geheimnisvolle bretonische Einsiedler

Die Chronik eines Mönchs

Einen Hinweis darauf, dass die Gralssage älter ist als die erhaltenen literarischen Quellen, gibt eine Stelle aus der Chronik eines Mönchs aus Froidmont namens Heliandus. Wie der Autor Franz Baumer berichtet, schreibt der Geistliche: „Zu dieser Zeit (717–719) wurde einem Eremiten in Britannien durch einen Engel ein wunderbares Gesicht gezeigt, von Josef dem edlen Decurionen, der den Leib Christi vom Kreuz nahm, und von jener Schüssel, welche der Herr mit seinen Jüngern beim Mahle benützt hatte. Der Eremit hat selber eine Beschreibung des Gesichtes verfasst, welche die Geschichte vom Gradale genannt wird. Gradalis oder Gradale heißt nämlich auf französisch eine breite und etwas vertiefte Schüssel, in welcher den Reichen kostbare Speisen vorgesetzt werden, deren einzelne Stücke stufenartig in verschiedenen Reihen angeordnet sind ... volkstümlich wird sie auch *graalz* genannt."

Der Gral des Eremiten

Sogar der Name des bretonischen Eremiten ist bekannt: Waleran. Dieser Einsiedler hatte eine Vision von Jesus am Kreuz und von einer Schüssel, wie man sie damals in adeligen Häusern benutzte. Dabei handelt es sich um eine breite Schale, in der die Speisen nacheinander geschichtet angeboten werden. Auf diese so genannten Stufen bezieht sich das Wort „Gradale". Im Volksmund heißt ein solcher Gebrauchsgegenstand in den besseren Häusern „graalz". Es ist die Frage, ob der Begriff „Gral" wirklich daher rührt. Hierfür spricht, dass auch Chrétien de Troyes seinen Begriff „Graal" so benutzt, als wüsste

Gralsspuren in der Bretagne

In der Nähe des Waldes Broceliande, in dem der Legende nach der Zauberer Merlin sein Grab haben soll, steht die Kapelle von Tréhorenteuc. In dieser Kapelle wurden nach den Vorgaben des katholischen Priesters der Gemeinde in den Jahren 1942 bis 1962 drei ungewöhnliche Kirchenfenster von Kunstmalern geschaffen. Das Mittelfenster zeigt den von Flammen umloderten Gral. In Form eines türkisfarbenen Kelches leuchtet er in der Bildmitte. Zwei Engel entrollen das Spruchband: „Der Kelch meines Blutes". Darunter sind Christus und Joseph von Arimathia dargestellt. Die anderen beiden Fenster zeigen, wie der Gral bei der Tafelrunde von König Artus erscheint. Die Farbe des Grals ist grün – zum einen die Farbe des Heiligen Geistes, zum anderen Hinweis auf den Smaragd, den Luzifer bei seinem Sturz auf die Erde aus seiner Krone verlor.

Die kleine Kapelle von Tréhorenteuc in der Bretagne wurde mit Szenen aus der Gralsgeschichte ausgestaltet. So zeigt dieses Kirchenfenster die Tafelrunde der Ritter zusammen mit König Artus und dem Heiligen Gral.

jeder seiner Leser, was er damit bezeichnet. Der arme Einsiedler behauptet, dass das Blut Jesu in solch einem vertieften Teller aufgefangen wurde, für ihn ist die Abendmahlsschale also identisch mit einem solchen *graalz*.

Beim letzten Abendmahl in Jerusalem nahm Jesus den Evangelien nach einen mit Wein gefüllten Kelch in die Hand und erklärte den zwölf Jüngern, dass der Wein in sein Blut verwandelt würde. Ursprung des Gralsgeheimnisses?

Die Frage der Authentizität

Heliandus von Froidmont erklärt selbst, dass er den Text des Eremiten und seiner Vision nur in einer Niederschrift in französischer Sprache vorgefunden habe. Zudem sei sie unvollständig gewesen, und eigentlich habe man sie ihm auch nicht direkt zeigen wollen. Heliandus konnte also ihr Alter gar nicht bestimmen. Die Adligen, die sich im Besitz des Eremitentextes befinden sollen, enthalten ihm eine Begutachtung des Manuskriptes, das aus dem 8. Jahrhundert stammen soll, vor. Somit ist die Existenz dieses bretonischen Einsiedlers nicht zu beweisen. Dafür spricht auch die Erwähnung von Nikodemus im Eremitentext, der, wie später Robert de Boron in seinem „Roman vom Gral" schreibt, eine nächtliche Unterredung mit Jesus nach dessen Kreuzigung gehabt habe. Manche Forscher nehmen wegen dieser Gemeinsamkeit an, dass der „Eremitentext" nach dem Buch von Robert de Boron um 1200 verfasst worden ist und nicht aus dem 8. Jahrhundert nach Christus stammt.

Der Einsiedler Waleran soll in der Bretagne angeblich der Erste gewesen sein, der bereits im 8. Jahrhundert vom Heiligen Gral gesprochen hat. Leider ist diese Quelle nicht wissenschaftlich nachprüfbar.

Der Gral in Literatur und Musik

Chrétien de Troyes und seine „Erzählung vom Graal“

Eine schriftliche Quelle?

Chrétien de Troyes ist der erste Autor des Heiligen Grals, da er diese Geschichte erstmalig zum literarischen Thema machte und sie damit wie ein wegweisender Stern am Himmel für viele nachfolgende Autoren erschloss. Nach heutigem Kenntnisstand wird von einigen Mittelalterforschern behauptet, Chrétien de Troyes habe den Gral gleichsam erfunden, er wäre seine ureigene Idee gewesen. Tatsache ist aber, dass Chrétien behauptet, eine schriftliche Quelle für die Existenz des Grals zu besitzen, die sich bislang jedoch noch nicht nachweisen ließ. Dies schließt aber nicht aus, dass es sie wirklich gegeben hat. Einige Forscher halten die folgende elsässische Hausüberlieferung für diese Quelle: Dietrich von Flandern soll vom zweiten Kreuzung im Jahre 1150 einige Tropfen Blut, aufgefangen von Joseph

Als die Kreuzritter schließlich im Heiligen Land ihre Vorherrschaft verloren, entstanden im Abendland die verschiedenen Gralsgeschichten. An den Höfen Europas wurden die Taten der Gralssucher zuerst erzählt.

Chrétien de Troyes
Über das Leben Chrétiens ist wenig bekannt; seine Schaffenszeit erstreckte sich wohl von 1165 bis 1190. Er gilt als eigentlicher Begründer des Höfischen Romans (roman courtois), in welcher der legendäre keltisch-bretonische König Artus und die Ritter seiner Tafelrunde eine zentrale Rolle spielen. Graf Philipp von Flandern (1168–1191) soll ihm nach eigenem Bekunden den Auftrag zum Schreiben des „Graal" gegeben haben. Auch in seinem letzten unvollendeten Werk, dem aus 9234 Achtsilbern bestehenden „Perceval", erzählt Chrétien de Troyes von einem Ritter am Hofe des Königs Artus.

von Arimathia bei der Kreuzigung Jesu, als Reliquie aus Jerusalem mitgebracht haben. Es darf vermutet werden, dass Chrétien de Troyes am Ende seines „Percevals“ auf diese Verbindung zwischen Reliquie und Gral hingewiesen hätte. Doch kam es nicht mehr dazu, da der Autor vor der Beendigung seiner Erzählung starb. Dieses Motiv hat jedoch Robert de Boron zehn Jahre später zum Thema seines Romans über den Gral gemacht.

Chrétien de Troyes' „Perceval"

Ein unerfahrener, junger Mann soll eine Prüfung bestehen, ohne dass er um diese weiß. Gegenstand dieser Probe sind ein Speer und eine Schüssel. Die Probe besteht darin, dass er jemanden findet, der über Speer und Schüssel Auskunft geben kann und erklärt, wen man damit bedient. In letzter Konsequenz geht es also um die Bedeutung der beiden mysteriösen Gegenstände. Auskunft geben kann ein kranker Mann, der durch die Beantwortung dieser Fragen geheilt werden könnte. Perceval findet diesen Kranken, doch stellt er die entscheidende Frage nicht und lässt ihn damit weiterhin leidend zurück. Als er erfährt, welche Folgen das für den Kranken hat, versucht er sein Versagen wieder gutzumachen, was ihm am Ende auch gelingt. Jetzt ist er der Hüter der beiden Schätze Speer und Schale, während der andere geheilt ist. In stark verkürzter Form ist das der Inhalt von Chrétien de Troyes „Perceval“, vom Autor auch eine „Erzählung vom Graal“ genannt. Dabei bleibt die eigentliche Geschichte des Grals, dieses geheimnisvollen Gegenstandes, im Dunklen. Den französischen Autor interessiert nur das Schicksal des jungen Percevals und weniger, was es mit dem Speer und der Schüssel auf sich hat.

Der Gral des Perceval

Die Geschichte, die Chrétien de Troyes in seinem berühmtesten Werk erzählt, ist diejenige eines unerfahrenen Mannes, der zum idealen Ritter heranreift. In seiner Unerfahrenheit begeht er viele Fehler, weil er sich in bestimmten Situationen anders verhält, als es von ihm sowohl menschlich als auch gesellschaftlich erwartet wird. So befragt er den siechenden Fischerkönig, in dessen Burg er den Gral und die blutende Lanze sieht, nicht nach diesen beiden Gegenständen, obwohl sie ihm mehrmals gezeigt werden. Perceval fragt nicht, weil ihm zuvor gesagt wurde, dass ein guter Ritter nicht zu viel spricht und sich zudem nicht neugierig zeigt. Doch in dieser Situation müsste er die richtigen Fragen stellen, da der Fischerkönig einen Nachfolger sucht, und dieser kann niemand anderes als Perceval sein.

Immer geht es in den Gralsgeschichten darum, dass ein junger Mann – beispielsweise Parzival – Burg, Frau und Kinder verlässt, um den Gral zu suchen, was mit vielen Mühen und Aufwendungen verbunden ist. Mit dem Schiff gelangt er in fremde, nie gesehene Länder.

Der britische Schauspieler Nigel Terry als King Arthur im Film „Excalibur" von 1981. König Artus ist das Urbild des gerechten und starken Königs, der sowohl für den rechten Glauben einsteht als auch für sein Volk kämpft.

Wer war Parzival?

Eine wichtige Gestalt in den überlieferten Gralslegenden ist Parzival, Perceval, Peredur, Perlesvaux, Parsifal oder „Sohn einer Witwe", wie ihn Chrétien de Troyes auch nennt. Er ist derjenige, der sich auf die schwierige Suche nach dem Heiligen Gral macht und diesen erst wiederfindet, nachdem er viele tapfere Ritter im Kampf besiegt hat. Wissenschaftler hat schon früh die Namensdeutung interessiert. Wer ist dieser Perceval oder Parzival? Man erfährt, dass er adelig ist und der rechtmäßige Nachfolger des Fischerkönigs. Übersetzt bedeutet sein Name „perceval" so viel wie „durchdring das Tal" oder im übertragenen Sinn „mitten ins Herz" oder „richtig durch die Mitte". Gerade bei Wolfram von Eschenbach wird diese Namensdeutung als Persönlichkeitsmerkmal angesehen. Jemand wie Perceval oder Parzival ist ein Mensch, dessen Name seine kämpferischen Fähigkeiten und seine Hartnäckigkeit im Verfolgen einer bestimmten Sache deutlich macht.

Der reine Tor

Richard Wagner wiederum hat in seinem Orchesterwerk „Parsifal" eine andere Deutung vorgenommen. Er nennt Parzival bewusst Parsifal, weil er ihn vom arabischen Wort „Parseh-Fal" abgeleitet sehen will. Damit ist der „reine Tor" oder „arme Dumme" gemeint. Dieser Mensch ist für Wagner Parzival oder Persifal am Anfang seiner Gralssuche. Im Laufe der Zeit allerdings, und das wird in Wagners Oper deutlich, entwickelt sich der „reine Tor" zu einem reifen, intuitiv wissenden und mitfühlenden Menschen. Ein solcher Entwicklungsweg ist bereits bei Chrétien de Troyes angelegt. Hier wird aus einem unerfahrenen Ritter im Laufe vieler Jahre ein Gralskönig. Er lernt neben höfischem und ritterlichem Benehmen, sowohl das Böse in der Welt als auch in sich selbst zu bekämpfen, denn nur der edelste Ritter gelangt zum Gral und darf sein Hüter werden.

Seine frühe Erziehung

Parzival ist in seiner Jugend ein Narr. Das liegt vor allem daran, dass seine Mutter Herzeloyde, wie es bei Wolfram von Eschenbach heißt, verhindern will, dass er ein Ritter wird. Diesen Wunsch hat Parzival, seit er als Kind vier Rittern begegnet ist. Er hält sie allen Ernstes für Engel und hat nur Augen für ihre schimmernden Rüstungen.

Das Fresko von 1286 zeigt Parzival zusammen mit dem Heiligen Gral. Nur durch ihn kann das Ödland, das der sieche König hinterlassen hat, wieder fruchtbar gemacht werden.

Von den vier Rittern hört er zum ersten Mal von König Artus und beschließt, selbst Ritter zu werden. Als seine Mutter erkennt, dass sie ihn davon kaum abhalten kann, steckt sie ihren Sohn in Narrenkleider und gibt ihm einen alten Klepper als Pferd. Nach seinem Aufbruch stirbt Herzeloyde vor Kummer. Parzival aber benimmt sich in seiner Anfangszeit wie ein tumber Tor, ist linkisch, anarchisch und löst Probleme eher auf absurde Weise. Er muss erst reifen, um ein großer Ritter zu werden. Somit ist die Suche nach dem Heiligen Gral ein Entwicklungsprozess, den der Mensch durchlaufen muss, um mit sich selbst, seinem Leben und der Welt ins Reine zu kommen. Wolfram von Eschenbach macht es ganz deutlich, indem sein Held drei Stadien durchläuft: Zuerst erwacht er langsam aus einem dumpfen, unbewussten Zustand der Erstarrung, dann erfährt er das Leid, den Zweifel an allem und jedem, und zuletzt gelangt er zur Erleuchtung.

Parzival – ein moderner Held?

Wolframs Parzival ist mehr als in den anderen Gralslegenden ein Held, der sich auf eine verzweifelte Wahrheitssuche begibt. Das ist ein zutiefst einsamer Weg. Im Mittelalter und mehr noch in der Neuzeit sprach diese Darstellung die Leser an, weil sie die Stellung des Individuums innerhalb des großen Ganzen beleuchtet. Für die Menschen des Mittelalters war alles durch den Willen der Kirche geordnet – Wolframs Parzival hingegen war ein Zweifler auf seiner Suche nach Gott und Wahrheit und somit durch und durch menschlich.

In Cornwall am Meer fand man die Ruinen von Tintagel, dem legendären Geburtsort von König Artus. Mehr noch: Bei archäologischen Ausgrabungen stieß man überraschend auf eine Tonscherbe, die seinen Namen trägt.

Das alte Glastonbury lag inmitten einer wasserreichen Sumpfgegend und wurde Isle of Glais genannt. Glastonbury Tor ragt auf einem Hügel wie eine Insel daraus empor und ist magischer Anziehungspunkt aller Touristen.

Robert de Boron und „Der Roman von der Geschichte des Grals“

Eine Trilogie mit geheimnisvollem Ursprung

Zwischen 1191 und 1202 schrieb Robert de Boron eine Trilogie unter dem Titel „Le Roman de l'Estoire dou Graal“, die die drei in Versform geschriebenen Bücher „Joseph von Arimathia“, „Merlin“ und „Didot-Perceval“ beinhaltet. Darin wird unter anderem erzählt, wie die Gralsschale nach Britannien gelangte. Weitere Themen der Trilogie sind der Aufstieg von König Artus, die Tafelrunde, die Suche nach dem heiligen Gral und der Untergang des Goldenen Zeitalters von König Artus. Robert de Boron erwähnt zu Beginn seines Buches, dass er seine Quelle nicht verraten darf, weil es ein großes Geheimnis sei, über den Gral zu schreiben. Er will sein Buch in einer englischen Abtei aus den Händen von Engeln oder von Jesus selbst erhalten haben. In seiner

Trilogie verbindet Boron das mysteriöse Kultgefäß Gral direkt mit der heiligen Eucharistie, was vor ihm kein anderer Autor getan hat. Zudem erklärt er in seinem Werk, wer das Blut Jesu in einer Schale aufgefangen hat, nämlich Joseph von Arimathia, jener reiche Kaufmann, in dessen privaten Garten der Gekreuzigte sein Grab erhielt.

Wer war Robert de Boron?

Man vermutet, dass Robert de Boron Priester gewesen ist und im Dienst des Grafen Gauthier de Montbéliard stand, der selbst zu Beginn des vierten Kreuzzuges ums Leben kam. Sein „Roman von der Geschichte des Grals" ist in einer einzigen Handschrift erhalten geblieben, wobei sein Stil im Gegensatz zu dem Chrétien de Troyes' als ungeschickt und simpel gilt. Ob er sein Werk vor oder nach Chrétien geschrieben hat, ist unsicher. Er selbst behauptet der Erste zu sein, der die Geschichte vom Gral literarisch festhält. Einige Forscher nehmen jedoch an, dass Boron sich einige Zeit in England am Hofe Heinrichs II. aufgehalten hat. Dabei wird er vermutlich die keltisch-christliche Sagentradition um die Abtei von Glastonbury kennengelernt haben.

Artus, Glastonbury und der keltische Cauldron

Bereits bei Chrétien de Troyes wird die Gralsgeschichte mit der Artus-Welt in Verbindung gebracht. Robert de Boron weitet diese Geschichte aus, indem er Joseph von Arimathia von Palästina mit der Gralsschale nach Avaron in Südengland reisen lässt. Avaron ist identisch mit Glastonbury, jener bedeutenden mittelalterlichen Abtei, die sich als das „Jerusalem des Westens" verstand und wo 1190 die Mönche der Abtei die Gebeine von König Artus und seiner Frau Guinevere entdeckt haben wollen (s. S. 34 ff., 86). Von hier aus wurde die keltische Welt christianisiert, hier stand die erste Marienkirche Englands, die „Lady Chapel", die frühere „vetusa ecclesia", die bereits König Artus besucht haben soll. Doch war Glastonbury auch bereits für die Druiden, die Priester der Kelten, ein Ort von besonderer Bedeutung.

Der keltische Gral

Für die Kelten der britischen Insel galt ganz Glastonbury als das kosmische Abbild des Cauldron, jener keltischen Wunderschale oder -kessels, der in den Tiefen der Erde ruhen sollte. Dieses magische Kultgefäß aus grauer Vorzeit, besaß die Gabe, Leben zu schenken. Es war ein Heilssymbol der keltischen Religion, und hier liegen auch die heidnischen Wurzeln des christlichen Grals. Robert de Boron wird diese uralte keltische Tradition gekannt und in seine christliche Heilssymbolik integriert haben.

Auch der keltische Cauldron war mit Blut gefüllt. In der Trilogie Borons bringt Joseph von Arimathia den einzig wahren Gral, die Schale mit dem Blut Jesu, nach Glastonbury. Die Abtei und das keltische Erbe verschmelzen auf eine seltsame Weise mit der Glaubenswelt des frühen Christentums. Der reiche Kaufmann aus Jerusalem und der Heilige Gral bildeten somit die christliche Form der heidnischen Sage und waren dadurch ein ausgezeichnetes missionarisches Instrument.

Der einsame Ritter zu Pferd, der durch das Land reitet und die Bösen bekämpft, ist im 19. Jahrhundert romantisches Motiv vieler Maler, wie hier Ferdinand Leekes, gewesen. Parzifal auf der Suche nach dem Sinn seines Lebens: dem Heiligen Gral.

Unterschiede bei Chrétien de Troyes und Robert de Boron

Wenn man die Bücher de Troyes' und de Borons über den Heiligen Gral miteinander vergleicht, so ergeben sich große Unterschiede in den Auffassungen der beiden Autoren. Robert de Boron schildert das, was ist, und zeigt die Entwicklungsgeschichte in der Vergangenheit. Sein Ziel ist es, die Herkunft des Grals darzulegen und was danach mit ihm geschah. Chrétien de Troyes schildert die Entwicklung des Grals in der Zukunft. Er setzt die Bekanntschaft der Geschichte des Grals bei seinen Lesern voraus und deutet seine Existenz nicht näher. Den Begriff „Gral" soll de Troyes laut einiger Forscher von Robert de Boron übernommen haben. Ob dies wirklich so ist, lässt sich nicht eindeutig klären. Was den Gral selbst angeht, so steht bei Chrétien die Hostie als der umgewandelte Leib Christi im Vordergrund. Bei Boron wird das Blut Christi im Gefäß gesammelt und wirkt durch seine rein geistige Kraft. Bei beiden Dichtern findet sich im Text eine Szene, in der geheime Worte gesprochen werden. Bei Boron hört diese nur der Gralsträger Bron; bei Chrétien ist es Perceval, der die Worte durch den Einsiedler am Karfreitag vernimmt. Man hat darüber spekuliert, warum beide Dichter überhaupt die geheimen Formeln thematisieren. Die Deutungen reichen von der Zugehörigkeit zu einem Geheimbund bis hin zu Anlehnungen an antike Mysterienkulte. Man darf die geheimen Worte aber auch als Hinweis dafür nehmen, dass in Bezug auf die Geheimnisse des Grals strenge Schweigegebote galten.

Der Fisch als Christensymbol
Bei beiden Dichtern spielt der Fisch, wie man ihn auf den römischen Katakombenbildern der urchristlichen Gemeinden findet, als Symbol für Christus eine wichtige Rolle. Christus erscheint als Sohn Gottes auf Erden im Zeitalter der Fische. Beide Dichter verbinden den Fisch-Christus mit dem Fischerkönig. Dieser ist Sinnbild für das Verlangen des Menschen nach Erlösung durch Christus.

Robert de Borons Herleitung des Wortes „Gral"

Wenn Robert de Boron wirklich, wie Mittelalterexperten annehmen, der Urheber des Begriffs „Heiliger Gral" ist – was bezweifelt werden darf – dann ist der etymologische Ursprung des Wortes sehr einfach herzuleiten. Zum ersten Mal taucht der Begriff „Gral" im Roman von Boron auf. Als Joseph von Arimathia zum Gedächtnis des Letzten Abendmahls eine Tafel mit Gleichgesinnten begeht, wird das Symbolgefäß namentlich genannt: „Wer das Gefäß recht nennen will, soll es ‚Gral' nennen! Denn niemand soll den Gral erblicken, glaube ich, dem er nicht genehm ist; er gefällt allen im Lande, allen ist er genehm, und allen ist er recht. Ihn zu sehen, erfüllt alle mit Wonne, die in seiner Nähe leben."
Hier strapaziert der Dichter die Etymologie (Herkunft) des Wortes Gral, die er vom französischen „agréer – gefallen" ableitet. Der Gral ist für Boron jemand, der „allen gefällt", wie es auch das obige Zitat deutlich

macht. Ob er damit richtig liegt, kann bezweifelt werden, weil Robert de Boron andererseits behauptet, er habe die „Geschichte vom Gral" gehört und anschließend aufgeschrieben. So darf vermutet werden, dass seine Herkunftsdeutung des Wortes „Gral" auf eigenen Vermutungen beruht und nicht auf Tatsachen.

Den „Gral" gibt es in vielen Variationen: Kelch, Schale, Kessel. Häufiger wird er als Kelch dargestellt, weil Jesus beim Letzten Abendmahl einen solchen benutzt hat. Je magischer er aussieht, umso echter muss er sein!

Bron und der keltische Bran

Es gibt eine seltsame Namensähnlichkeit zwischen Bron, dem Gralsträger, und dem keltischen Gott Bran, der den „Kessel der Fülle" besitzt. Mit diesem kann Bran Tote zum Leben erwecken. Im Kampf wird Bran von einem vergifteten Speer am Fuß tödlich verletzt (ähnlich wie beim Fischerkönigmotiv der Gralssage) und bittet seine Freunde, ihn zu enthaupten und seinen Schädel im „weißen Hügel von London" zu beerdigen. Der Schädel hat fortan die Fähigkeit, die Zukunft vorauszusagen, und versorgt die Angehörigen Brans mit allem Notwendigen, wie beispielsweise Nahrung.

Wer genau war Joseph von Arimathia? Forscher erklären, dass es niemals einen Ort solchen Namens gegeben hat. Und die Bibel teilt nicht mit, welche Verbindung zwischen Joseph und der Familie Jesu bestand.

Geoffrey von Monmouth – Schöpfer der Artussage

Artus' erste Erwähnung

Auch von Geoffrey von Monmouth weiß man nur wenig. Offenbar lebte der um 1100 geborene Geoffrey in den Jahren 1129–1151 in Oxford, wahrscheinlich als Lehrer. In den Jahren zwischen 1149 und 1151 schrieb er die „Vita Merlini – Das Leben Merlins", kurze Zeit nach seinem Erfolg der „Geschichte der Könige Britanniens". Später wird er zum Bischof von St. Asaph in Wales ernannt. Dieses Amt tritt er wegen politischer Unruhen im Lande nicht an. Im Jahre 1154 stirbt er. Sein erstes Buch „Merlins Prophezeiungen" fand zu seiner Zeit und darüber hinaus so viel Beachtung wie später in der Renaissance die Prophezeiungen des Nostradamus.

Wer war König Artus?

Geoffrey von Monmouth war der Erste, der Artur beziehungsweise Artus in seinem Buch „Geschichte der Könige Britanniens" erwähnt. Schon bald hatte sich seine Geschichte über den heldenhaften König aus Britannien im ganzen damaligen Christenreich verbreitet. Durch die Kreuzzüge erfuhren die Menschen von Geoffreys Buch und damit auch über die legendären zwölf Schlachten des Artus gegen die Barbareneinfälle der Angeln, Sachsen und Pikten. Der Dichter hatte dem 12. Jahrhundert in der Figur des Artus ein Symbol der Hoffnung geschenkt. Artus wurde zum strahlenden König und Auserwählten, zum vollendeten Ritter und Inbegriff für Treue und Edelmut. Auf seinem Schloss Camelot trafen sich die besten Ritter der Welt.

In der süditalienischen Stadt Otranto wurde Artus bereits 1165 in einem großflächigen Fußbodenmosaik der Kathedrale dargestellt. Am Nordportal der Kathedrale von Modena in Norditalien, das zwischen 1110 und 1130 vollendet wurde, ist eine komplette Szene aus dem Leben des König Artus in Stein gemeißelt. Der Künstler des Nordportals muss also die Idee für dieses Motiv noch vor Geoffrey de Monmouths Veröffentlichung gehabt haben.

König Artur oder Artus hat wirklich gelebt – das gilt mittlerweile als bewiesen. In seiner Vita vom heiligen Columban berichtet Abt Adamnan, dass König Artus, der Sohn des Aedàn, in der Schlacht von Camlann fiel.

Artus – eine reale Person der Geschichte

Die Darstellung an der Kathedrale von Modena, über die in Stein gehauen die Worte „Artus de Bretania" stehen, belegen, dass die diversen Geschichten, die über diesen König kursierten und immer noch kursieren, anscheinend auf Tatsachen beruhen. Dank einer ausgeprägten mündlichen Überlieferungskultur wurden über Jahrhunderte die alten keltischen Geschichten im Volk bewahrt. Geoffrey von Monmouth hatte ihnen als Erster in seinem Buch „Die Geschichte der Könige von Britannien" eine schriftliche Form gegeben. Der Autor teilt dem Leser sogar mit, dass Artus der Sohn von Utherpendragon und ein Neffe von Aurelius Ambrosius sei. Aurelius Ambrosius ist für das fünfte nachchristliche Jahrhundert als britischer Heerführer mit römischen Namen bezeugt und kämpfte um 410 gegen die einfallenden Sachsen.

Raubzüge der Heiden und Gralserwartung

Im selben Jahr hatten die Goten unter König Alarich Rom erobert und die seinerzeit unter Kaiser Titus im Jahre 70 erbeuteten Tempelschätze von Jerusalem (z. B. den berühmten Siebenarmigen Leuchter) von dort geraubt. Auch die Abendmahlsschale soll damals in das Kloster San Juan de la Peña in den Pyrenäen (s. S. 74 ff.) in Sicherheit gebracht worden sein. Diese Zeit war folglich für die Christenheit sehr symbol- und ereignisreich. Noch nicht lange war das Christentum unter Kaiser Theodosius I. im Jahre 381 zur Staatsreligion erhoben worden. Durch die heidnischen Überfälle (Goten, Sachsen) geriet das Land nun wieder ins Chaos. Ein charismatischer Herrscher wie Artus mochte da wie ein Auserwählter Gottes wirken.

Christus selbst weilte, so die Erwartung an den Gral, als Heilsversprechen im Blut des Grals unter den Menschen. Es ist sicherlich kein Zufall, dass Heliandus den Gral bereits um 717 erwähnt haben soll, nachdem eine Zeit voller Kämpfe und Aufruhr im Lande überstanden schien.

Merlin, der Zauberer (hier mit Viviane, seiner Geliebten) soll ebenfalls auf einen Druiden zurückgehen, der wirklich gelebt hat. So gab es einen Druiden namens Myrddin, der als Seher und Dichter im 6. Jahrhundert gewirkt hat.

Artus ist ein Ehrentitel

In akribischer Forschungsarbeit wollen die beiden englischen Autoren Graham Phillips und Martin Keatmann belegt haben, dass der historische Artus in Wahrheit Owain Ddantgwyn geheißen hat und den Titel „Artus“ trug. Owain Ddantgwyn war der Sohn eines der Könige von Gwynedd (Wales), die als „Hauptdrachen“ bezeichnet wurden, worauf der keltische Name „Pendragon“ hindeutet. Owain Ddantgwyn war zu seiner Zeit um 500 n. Chr. der mächtigste Herrscher Britanniens und Vater von Cuneglaus, dessen Vorfahre „Bär“, walisisch „Arth“, erste Silbe von „Artus“, genannt wurde. Der „Bär“ ist mit großer Wahrscheinlichkeit der Ursprung des Namens „Arturus“. Dieser Name wurde dem stärksten Heerführer als Ehrentitel verliehen. Owain Ddantgwyn soll 519 in der Schlacht von Camlann gefallen sein, der Ort, an dem auch Geoffrey von Monmouth den Tod von Artus ansiedelt. Mit ihm starb der letzte Herrscher eines vereinigten Britanniens, das aus dem römischen Reich erwachsen war. Die geistig-religiösen Wurzeln (Keltentum und Christentum) des Landes waren durch Invasoren in jener Zeit gefährdet, und mit dem Tod von Artus breitete sich rasch eine nationalistisch nostalgische Legende um den letzten großen König von Britannien aus.

Riothamus und Artus

Häufig wird König Artus mit einem römischen Heerführer namens Riothamus aus dem fünften nachchristlichen Jahrhundert gleichgesetzt. Historiker fanden jedoch heraus, dass auch Riothamus kein Eigenname gewesen ist, sondern ebenfalls ein Titel. Abgeleitet von der ursprünglich britischen Sprachform „Rigotamos“, bedeutet der Name so viel wie „Oberster König“ oder „Hochkönig“. Dieser bezeichnet einen Herrscher, der über ein vereinigtes Königreich befiehlt. Das wiederum ist ein Beleg dafür, dass Owain Ddantgwyn der Riothamus von Britannien gewesen ist und damit als Garant für den Frieden galt.

Die Menschen des Mittelalters vererhrten die großen Steingräber als Grabstätten von bedeutenden Persönlichkeiten. So gibt es in der Bretagne das „Grab von Merlin“ und wie hier zu sehen in Newport, Wales, das Grab von König Artus.

Die Suche der Artus-Ritter nach dem Heiligen Gral

Die berühmte Tafelrunde des König Artus, an der nur die besten Ritter des Landes Platz nehmen durften, war zu dem einzigen Zweck gegründet worden, damit, wie Geoffrey schreibt, die Wahrheit des Grals überall bekannt gemacht wird. Die Ritter der Tafelrunde wurden deshalb auch Gralsritter genannt. Aber nur einer von ihnen – Lanzelot – ist würdig dem Gral zu dienen. Nach langer und harter Suche, bei der Lanzelot fast verzweifelt, gelangt er schließlich zu einer Burg, die von zwei Löwen bewacht wird. Hinter einer Tür hört er Gesang und weiß, dass sich an diesem Ort der Heilige Gral befindet. Wenig später sieht er in einem strahlend hellen Raum das heilige Gefäß auf einem Tuch aus roter, golddurchwirkter Seide. Umgeben von Engeln sieht er zudem einen betagten Priester, der eine Hostie hochhält. Drei Männer wollen ihm eine Gestalt in die Hände legen, aber sie scheint für den Priester viel zu schwer. Als Lanzelot ihm helfen will, passiert es: Er ist „wie von Flammen durchlodert, am Boden verwurzelt und wie gelähmt". So schmachtet er 24 Tage lang in diesem Zustand. Als er wieder zu sich kommt, befindet er sich auf Burg Corbenic.

1893 malte Frederick Hamilton Jackson „Lanzelots Vision vom Heiligen Gral" Geleitet von engelgleichen Wesen erhebt sich der Ritter in die Luft und ist somit allem Irdischen entrückt. Der Gral gilt hier als Einbruch des Überirdischen in die Welt.

Corbenic – das ewige Füllhorn

Hinter dem seltsamen Namen der Burg verbirgt sich ein Hinweis auf den Heiligen Gral. Corbin oder Corbenic ist das Füllhorn, das niemals versiegt. Es bringt Speisen hervor, geistige wie materielle. „Cor benic" bedeutet das gesegnete Horn. Corbenic könnte aber auch auf das keltische Wort „Corben – Rabe" hinweisen. In Wales/England steht bei Llangollen die Burg Corbenic, die dem König Bran Fendigaid gehört haben soll. Einer walisischen Sage nach suchte dieser König nach einem magischen Kessel, durch den man wiedergeboren werden konnte. Ähnlich wie der Fischerkönig wurde auch er durch einen Speer verwundet. Die Sagen und Mythen, die sich um die Burg Corbenic ranken, zeigen einmal mehr, wie viel Keltisches im Gralsstoff steckt.

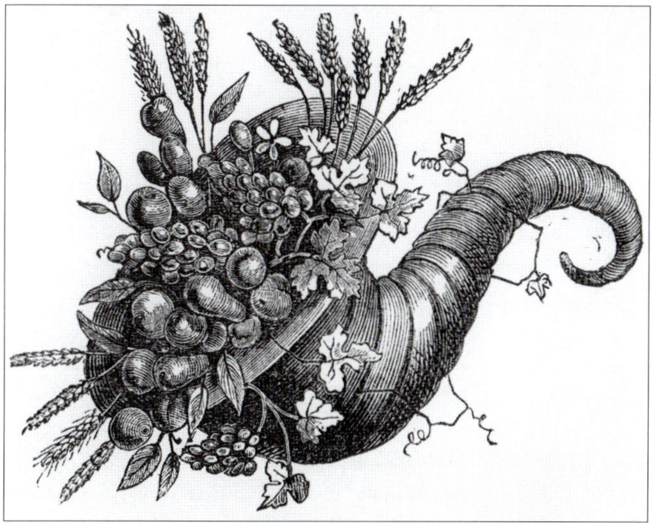

Corbenic ist das Füllhorn, das niemals versiegt. Es spendet reichlich Gaben und entspricht einer alten Vorstellung der britischen Kelten, wonach die ewige Natur niemals versiegt, weil sie sich ständig erneuert.

WEITERE GRALS-ROMANE AB 1215

Lanzelot mit seiner Geliebten, Königin Guinevere, der Frau von König Artus. Die sündige Verbindung ist ebenfalls ein wichtiges Thema der Artuslegende.

„Vulgata-Graal-Zyklus"

Neben den vier berühmtesten Literaturquellen (Chrétien de Troyes, Wolfram von Eschenbach, Robert de Boron und Geoffrey von Monmouth) gibt es weitere Schriften zum Gral – meist aus den Jahren nach den ersten Veröffentlichungen. Dazu gehört die sehr umfangreiche Prosasammlung des „Vulgata-Graal-Zyklus", die vermutlich zwischen 1215 und 1235 entstanden ist und wahrscheinlich von mehreren Autoren verfasst wurde. Im „Vulgata-Graal-Zyklus" geht es thematisch um die Geschichte des Grals, die Geschichte des Zauberers Merlin, die Suche nach dem Gral, um Lanzelot und um den Tod König Artus'. Die Verfasser sollen das Werk für den Zisterzienserorden geschrieben haben, weil sie mönchische Ideale (Gottessuche, Zölibat, Mönchsgemeinschaft etc.) in ihren Texten in den Mittelpunkt stellten. Hinzu kommen zahllose Hinweise, die ihre Kenntnis der apokryphen Evangelien belegen, also jener Schriften, die die Kirche als allzu ketzerisch verworfen hatte.

Lanzelot, Galahad und Gawain

Im „Vulgata-Zyklus", der deshalb so heißt, weil er „Vulgata" – also „fürs Volk" geschrieben wurde, tauchen neben dem Ritter Parsival andere Namen in Zusammenhang mit der Gralssuche auf. Die Erwählung Lanzelots ist lang und recht verworren. Eigentlich wurde der junge Mann auf den Namen Galahad getauft, er wird jedoch Lanzelot genannt. Der zweite noch verwirrendere Aspekt: Auch der Sohn von Lanzelot heißt Galahad und ist der „reinste" und damit vom Gral wahrhaft gesuchte Ritter der Welt. Lanzelots Pflegemutter ist eine Fee, die ihren Sohn nur ungern ziehen lässt. Lanzelot ist aber auch jener sündige Ritter, der die Frau Königs Artus Guinevere begehrt und sie auch bekommt. Am Ende vieler bestandener Abenteuer gelingt es Lanzelot, die Gralsburg zu betreten, wobei er den Fluch eines Mädchens brechen kann, der es an einen Bottich mit glühendem Wasser bannt. An dieser erlösenden Tat erkennt der

Der Gefährliche Sitz
An der berühmten Tafel von König Artus gibt es einen Platz, der immer unbesetzt bleibt. Nur der „reine, wahre" Ritter kann dort unbeschadet Platz nehmen, weshalb er der „Gefährliche Sitz" genannt wird. Als Galahad als junger Mann am Hof von König Artus eintrifft, setzt er sich unwissend auf den bestimmten Stuhl – und es geschieht ihm nichts. Galahad ist zudem der Einzige außer Artus, der das magische Schwert Excalibur aus dem Stein ziehen kann.

Die wunderschöne und verführerische Königin Guinevere, Ehefrau von König Artus.

Gralskönig, dass Lanzelot dazu ausersehen ist, Vater des wahren Gralsritters zu werden. Denn erst sein Sohn – Galahad – wird die Gralssuche zu Ende führen. Das von ihm vom Fluch befreite Mädchen wird die Mutter Galahads. Sie wird durch Lanzelot geschwängert, indem diesem durch einen Zaubertrank vorgegaukelt wird, er schliefe mit Königin Guinevere.

Der beste Ritter der Welt

Galahad erringt bei einem Turnier am Hofe Königs Artus jenen weißen Schild, auf den einst Joseph von Arimathia mit seinem eigenen Blut ein rotes Kreuz gemalt hat. In einem Kampf, bei dem sowohl Parsival als auch Lanzelot nicht wissen, wer ihr Gegner ist, werden beide durch Galahad besiegt. Das beweist, dass er wirklich der beste Ritter der Welt ist. Lanzelot und Parsival wird jedoch wie Galahad das Glück zuteil, dass sie erfahren, was der Gral ist – so beschreibt es der „Vulgata-Zyklus". Am Ende ihrer Suche gelangen sie in die Gralsburg Corbenic, wo sich außer ihnen und Galahad neun weitere Gralsritter begegnen. Die Zahl Zwölf, die sich daraus ergibt, erinnert nicht zufällig an die zwölf Apostel. Joseph von Arimathia steigt nach dem Eintreffen der zwölf Ritter vom Himmel herab und zelebriert mit allen zusammen die Gralsliturgie. Hierbei werden die Ritter Zeugen, wie sich das Brot und der Wein in den Leib des Herrn Jesus Christus verwandeln, ohne ihre eigentliche Form und Beschaffenheit zu verändern. Die Gralsritter erleben, wie aus dem Gral der Gekreuzigte aufsteigt, und Joseph erklärt ihnen, dass der Gral der Abendmahlskelch sei.

Die Vorstellung vom Gral als etwas Überirdischem hat der Maler Edwin Austin Abbey 1895 in seinem Bild „Galahad wird von einem Engel besucht" eben durch einen Engel dargestellt. Er symbolisiert den Bereich des Göttlichen.

Ritter Gawain

Gawain oder Gauvain ist im Gegensatz zu Parzival ein weltlicher Ritter, den es nach Abenteuern dürstet. Seine Aufgabe besteht unter anderem darin, das Schwert herbeizuschaffen, mit dem Johannes der Täufer enthauptet wurde. Dies gelingt ihm, nachdem er einen heimtückischen König getötet und von ihm eben jenes Schwert erbeutet hat. Dieses Schwert bringt er in das Land des Gralskönigs zurück. Als er die blutende Lanze und den Gral sieht, gerät er in Verzückung und hat beim Anblick des Grals verschiedene Visionen: Er sieht ein kleines Kind, drei Tropfen Blut, Kerzen und den Gekreuzigten. Doch zu allem, was er sieht, schweigt er und darf deshalb die Kapelle der Gralsburg nicht mehr betreten.

Unzählige Male haben das Kino oder das Fernsehen den Artus-Stoff für sich entdeckt und verfilmt. Das Szenenfoto aus „King Arthur" zeigt die Ritter der Tafelrunde Galahad (links) und Gawain (rechts) in einer 2003 in Irland gedrehten „neuen und alternativen" Artusversion von Antoine Fugua.

„Perlesvaux" – Magie und Gewalt

„Perlesvaux" ist das dritte große Gralsepos in altfranzösischer Sprache und wurde zu Beginn des 13. Jahrhunderts (1205) geschrieben. Der ebenfalls unbekannte Verfasser hat die Bücher von Chrétien de Troyes und Robert de Boron gekannt, weil er direkte Bezüge zu ihnen herstellt. Der „Perlesvaux" ist eine deftige Mischung aus Magie und Gewalt, Religion und geheimen Lehren, die den Autor als ungezügelten Geist mit anarchischen Zügen kennzeichnen. Im Roman tauchen mehrmals abgeschlagene Köpfe auf, unter anderem die von Adam und Eva, die zeigen dass das Epos von keltischen Glaubensvorstellungen, wie denen des Kopfkultes, geprägt ist. Der Gral selbst kann seine Form verändern, was als Motiv in keinem anderen Gralsroman vorkommt: Er verwandelt sich von einer Schale zu einem Kelch. Seine Haupteigenschaft liegt darin, die Jugend zurückzubringen.

Der „Post-Vulgata-Zyklus"

Der unbekannte Autor dieses Epos konzentriert sich ganz auf die Geschichte des Grals. Auch hier geht es um den Tod König Artus und der Ankunft eines edlen Ritters. Der Gral ist jenes göttliche Instrument, das das Land von allem Schlechten heilt, wenn er denn gefunden wird. Das Buch wurde vermutlich um das Jahr 1240 verfasst.

Darüber hinaus gibt es noch den Roman „Suche nach dem Heiligen Graal" aus der Zeit zwischen 1190 und 1230 zu erwähnen. Sein Verfasser konnte ebenfalls nicht ermittelt werden, stammt aber vermutlich aus dem Zisterzienserorden. Der bedeutendste Zisterzienser jener Zeit war Bernhard von Clairvaux, der unter anderem die Ordensregeln für den Templerorden verfasste. Die Templer wiederum betrachteten sich als Gralshüter. Ein weiterer Beweis dafür, dass die Verbreitung des Gralsgedankens in Europa durch einen Kreis von Gleichgesinnten stattfand. Wie wir wissen, schätzte auch Bernhard von Clairvaux keltische Glaubensvorstellungen. Die Gralsliteratur jener Zeit war also eine Mischung aus tiefem christlichem Glaubensverständnis um die Macht des Heiligen Blutes, dem Streben nach dem vollkommenen Ritter und der Kraft der keltischen Tradition.

„Peredur" – die dunkelste Gralsgeschichte
Im walisischen Roman „Peredur", ein Held, der um 580 starb, erscheint an Stelle des Grals ein abgeschlagener Kopf auf einem Teller. Eine blutige Lanze begleitet ihn in einer feierlichen Prozession. Peredur ist der Vorläufer von Perceval, ein Kelte in seiner barbarischen Ausprägung. Die Geschichte „Peredur" steht im „Roten Buch von Hergest", das um 1400 erschien. Sie ähnelt derjenigen des „Perceval" von Chrétien, und bis heute ist nicht eindeutig geklärt, ob sich Chrétien bei seinem Buch einer alten walisischen Volkserzählung bedient hat, oder ob sein Buch Inspiration für den „Peredur" gewesen ist.

Niemand weiß, ob sich Bernhard von Clairvaux für den Gral interessierte. Was ihn auszeichnet, ist die Tatsache, dass er die Ordensregel für den Templerorden schrieb und sie auf dem Konzil von Troyes 1129 dem Papst vorlegte.

Der Gral im Spiegel seiner literarischen Quellen

Herkunft und Ableitung des Wortes „Gral"

Die Herkunft des Wortes „Gral" ist nicht genau definiert und lässt deshalb viel Spielraum für Spekulationen. Ebenso wie der Gral selbst mal als Stein, mal als Abendmahlsschale, mal als Blut Christi, mal als Blutlinie des Erlösers, mal als Turiner Grabtuch oder als „Volto Santo" (Schweißtuch der Veronika) interpretiert wird, kann auch die Bedeutung und Herkunft des Wortes „Gral" nicht geklärt werden. Dadurch bleibt der Begriff geheimnisvoll, was wohl von seinen verschiedenen Autoren so beabsichtigt wurde.

Worterklärungen für „Gral"

Folgende Erklärungen für „Gral" sind die am meisten verbreitetsten:

• „Gral" leitet sich vom lateinischen „gradalis" beziehungsweise „gradatim" ab, was schrittweise oder stufen-

Ist der Gral nichts weiter als ein Meteorit, ein vom Himmel gefallener Stein, der die Menschen des Mittelalters gerade wegen seiner unerklärlichen Herkunft faszinierte? Wolfram von Eschenbach scheint das geglaubt zu haben.

In vielen Gralsgeschichten ist neben dem Kelch oder der Schale auch von einer Hostie die Rede. Sie steht symbolisch für den Leib Jesu, den dieser der ganzen Menschheit bei seiner Kreuzigung als Opfer dargebracht hat.

weise bedeutet und sich auf eine Schüssel bezieht, in der Speisen in einer bestimmten Reihenfolge angeboten werden.

• „Gral“ leitet sich vom französischen „agréable“ ab, was angenehm oder gefällig bedeutet.

• „Gral“ kommt vom deutschen „graolen“, was Feste feiern, lärmen oder grölen bedeutet.

• „Gral“ stammt vom mittelhochdeutschen Substantiv „graol“ und bedeutet „heiliger wundertätiger Gegenstand“, aber „graol“ kann auch Lärm und Aufruhr, Groll und Unruhe bedeuten.

• „Gral“ hängt mit dem französischen „sang royal“ zusammen, das „königliche Blut“, das als „saint gral“ und „Sangréal“ bekannt ist.

• „Gral“ hängt einigen Forschern zufolge mit dem keltischen Wort „dysgl“ zusammen, das eine breite, vertiefte Schale bezeichnet, die die gleichen magischen Eigenschaften wie der Gral hat.

Zusammenfassung der übernatürlichen Kräfte des Heiligen Grals

Aus den verschiedenen literarischen Texten des Mittelalters zum Gral ergibt sich folgendes Bild über die Wirkungskräfte des Heiligen Grals:

• Er spendet dem Fischerkönig beziehungsweise dem Gralskönig Nahrung in Gestalt einer Hostie. Diese hält ihm zugleich am Leben und stärkt seine Lebenskraft, wie es z. B. Chrétien de Troyes beschreibt.

• Bei Wolfram von Eschenbach haben Engel den Gral zur Erde gebracht. Er spendet ebenfalls Speise und Trank, verleiht Lebenskraft und Jugendlichkeit. Eine Taube legt eine Hostie auf den Gral, wodurch dieser seine Wunderkraft erhält. Der Gral hat einen kosmologischen Hintergrund, ist ein Sternending oder Meteorit mit dem Schriftzug „lapis exillis“ – Stein von den Sternen.

• Bei Robert de Boron erfährt der Leser, dass bereits Joseph von Arimathia der Legende nach im Gefängnis von Jerusalem 40 Jahre lang durch den Gral beziehungsweise die Hostie ernährt wurde.

• Von der Lanze des Longinus rinnt scheinbar frisches Blut in den Gral, das vom gekreuzigten Jesus stammt. Im Gral erscheint die Gestalt eines Kindes und des Gekreuzigten, liest man im „Perlesvaux“.

• Als laut „Vulgata-Zyklus“ der Jude Nascien in den Gral hineinschaut, erblindet er. Durch das Blut der Lanze kann er wieder sehen. Der Gral heilt einen König von der Lepra, und Lanzelot glaubt, drei Männer in ihm zu erkennen.

• Im „Roman du Graal“ erscheint der Gral am Königshof, wo er kranke Ritter heilt. Jeder, der in Sünde lebt, darf sich ihm nicht nähern.

• Im „Peredur“ taucht an Stelle des Grals ein abgeschlagener Kopf auf einem Teller auf, dem im keltischen Glauben auch nach dem Tod besondere Kräfte innewohnen.

Ein römischer Ritter mit seiner Lanze gehört mit zum Gralsgeheimnis. Neben der Hostie und der Gralsschale wird auch die Lanze des römischen Hauptmanns Longinus erwähnt, von der ewig das Blut des Erlösers tropft, das Wunden heilt.

Richard Wagner und der Gral

Das Gralsmotiv bei Richard Wagner

Der berühmte Dichterkomponist Richard Wagner (1813–1883) hat sowohl mit seiner Oper „Lohengrin" (1850) und dem Bühnenweihfestspiel „Parsifal" (1882) die Grals-Tradition der vergangenen 125 Jahre entscheidend geprägt. Mit beiden Opern rückte er das Thema „Gral" im 19. Jahrhundert wieder ins Bewusstsein einer breiten Öffentlichkeit. Schon früh war Richard Wagner vom „Parzival" des Wolframs von Eschenbach fasziniert. Der „Parzivaldichter" taucht bereits in seiner 1845 uraufgeführten Oper „Tannhäuser" auf. Fünf Jahre später wird „Lohengrin" uraufgeführt. Erzählt wird die Geschichte eines Gralsritters, der aus der überirdischen Gralsburg in die Welt der Menschen kommt, um hier der Wahrheit zum Sieg zu verhelfen.

Parzivals Sohn

Der Gralsritter Lohengrin, über den der Zuschauer wenig erfährt, steht Elsa von Brabant hilfreich in einem Streit zur Seite. Lohengrin erscheint Elsa in einer Vision und rettet sie. Soll er als Herrscher Brabants und Elsas Ehemann bleiben, so darf ihm Elsa nie die Frage nach Namen und Herkunft stellen. Doch schüren andere Thronanwärter Zweifel in Elsa über die edle Abkunft ihres künftigen Ehemannes, sodass sie ihm in der Hochzeitsnacht doch die verbotene Frage stellt. Nachdem Elsa dunklen Einflüsterungen mehr vertraut als ihm, verlässt Lohengrin sie. Erst jetzt erfährt auch das Volk von Brabant, wer Lohengrin wirklich ist – nämlich Parzivals Sohn. Er erklärt den Menschen: „In fernem Land, unnahbar Euren Schritten, liegt eine Burg, die Montsalvat genannt; ein lichter Tempel stehet dort inmitten, so kostbar, wie auf Erden nichts bekannt: drin ein Gefäß voll wundertät'gem Segen, wird dort als höchstes Heiligtum bewacht …"

Parsifal – die deutsche Gralsoper

Wagner soll nach eigenen Angaben die Idee zum „Parsifal" am Karfreitagmorgen des Jahres 1857 gehabt haben. Doch erst am 26. Juli 1882 wurde „Parsifal" in Bayreuth uraufgeführt. Der Dichterkomponist schuf dabei einen Handlungsfaden um den siechen Gralskönig Amfortas: Amfortas ist der Sohn des ersten Gralskönigs Titurel. Vor vielen Jahren zog er, bewaffnet mit dem heiligen Speer aus, um dem Treiben des Zauberers Klingsor ein Ende zu bereiten. Klingsor besaß einen Zaubergarten der Lust, in dem er mithilfe wunderschöner Frauen die Gralsritter zum Bruch ihres Keuschheitsgelübdes zu verführen suchte. Amfortas versagte: In der Umarmung durch ein „furchtbar schönes Weib" vergaß er seine Sendung und verlor in der Unachtsamkeit seinen Speer, den ihm Klingsor raubte und hohnlachend in sein Herz stieß. An dieser Herzverletzung leidet Amfortas immer noch. Sie

Richard Wagner war vom Gralsmythos fasziniert. Mit ihm verband er die Erlösung vom irdischen Leiden und das Eingehen in eine bessere Welt. In seinem „Parsifal" findet Wagner den Menschen, der lernt, mitzuleiden.

will solange nicht heilen, bis Rettung durch einen „reinen Toren" kommt (Bedeutung des Namens Parsifal), der „durch Mitleid wissend" ihn erlöst.

Der Mythos Gral bei Wagner

Der Heilige Gral ist bei Wagner kein „Stein" wie bei Wolfram von Eschenbach, sondern das bekannte, wundertätige und Leben spendende Gefäß. Der Gral selbst speist alle sündlosen Ritter mit der Kraft des ewigen Lebens, sündiges Streben wird durch ihn zur ewigen Qual, wie es die Wunde Amfortas' zeigt. Der Gral ist bei Wagner jedoch auch ein Symbol für die gesellschaftliche Erneuerung durch die Kunst. Ein mehrschichtiger künstlerischer Entwurf des Gralsmotivs, das den Bayernkönig Ludwig II. (1845–1886) faszinierte, der sich als Lohengrin verkleidete und sein Schloss Neuschwanstein in einen „Gralstempel" umbauen ließ. Im Schloss Berg am Starnberger See ließ Ludwig unter anderem den Gral in einem Aquarell als blaue Schale malen.

Max Bruckner schuf dieses Bühnenbild für den ersten Akt von Richard Wagners „Parsifal" bei der Uraufführung in Bayreuth 1882. Es zeigt den Tempel des Grals, der ganz dem Dom von Siena in Italien nachempfunden ist.

Auch außerhalb Europas, wie hier 1978 in San Francisco, sind Wagners Opern beliebt. Dieser Chor singt im „Lohengrin", in der der Schwanenritter Kraft seiner übermenschlichen Natur in den Lauf der Sterblichen eingreift.

Stellen die Tarotkarten nichts weiter als die verdeckte Gralsgeschichte dar? Wurde das Kartenspiel erfunden, nachdem die Kirche die Gralsgeschichte ächtete und als heidnisch abtat?

Der Gral und das Tarot

Das Tarotdeck

Das Tarotdeck besteht aus 78 Karten, die zum Wahrsagen oder als Lebenshilfe herangezogen werden. Es ist bemerkenswert und sicherlich kein Zufall, dass die Tarotkarten einige Jahre nach den Gralslegenden aufkamen und sich im 13. Jahrhundert rasch in Europa verbreiteten. Der Ursprung der Tarotkarten ist nicht geklärt: Einige Experten vermuten, dass sie aus Indien durch das fahrende Volk ins Abendland gelangten, andere nehmen an, dass der Orden der Tempelritter sie aus dem Nahen Osten mit nach Europa brachte. Ursprünglich gehörten zu den 22 Großen Arkana – die Trümpfe des Spiels – weitere vier Karten: die Ritter. Vermutlich stellten sie Templer dar, denn als der Orden der Templer von der Kirche 1307 aufgehoben wurde, verschwanden auch die Ritter aus dem Tarotdeck. Trotzdem richtete sich der Zorn der Kirche gegen die Karten: Sie wurden als „Gebetbuch des Teufels“ bezeichnet und als „Trittleiter zur Hölle“ geächtet.

Die weibliche Konzeption des Tarot

Ein Grund für die Ächtung der Kirche mag sein, dass die Bilder des Tarot eher weiblich ausgerichtet sind und zyklische Konzepte von Wiedergeburt und spiritueller Erneuerung nahe legen. Ein weiterer Grund kann sein, dass es eine inhaltliche Nähe zu den Insignien des Grals durch die vier genannten Asse gibt. Diese in Verbindung gesetzt mit der zyklischen Erneuerung allen Lebens – was die Macht des Grals widerspiegelt, der alles fruchtbar macht und somit erneuert – ist der Lehre der Kirche entgegengesetzt. Für sie verläuft alles Leben linear und endet mit dem Jüngsten Gericht Gottes. Diese Auffassung vom Leben widerspricht dem Glauben an die archaischen Muttergottheiten vor dem Aufkommen des Christentums und dem Glauben an die Natur als ein sich ewig erneuernder Jungbrunnen.

Die Tuatha de Danaan

Im Roman von Chrétien de Troyes werden an Perceval in einer Prozession in der Gralsburg vier heilige Insignien vorbeigetragen. Dabei soll dem Ritter und Gralssucher bewusst werden, dass er Herr dieser vier außergewöhnlichen Gegenstände werden kann, wenn er sich ihrer als würdig erweist. Viele Wissenschaftler, die sich mit der Gralsforschung befasst haben, neigen dazu, Parallelen zwischen diesen vier heiligen Insignien und den legendären vier Schätzen der Tuatha de Danaan zu ziehen. Die Tuatha de Danaan gelten als ein frühes legendäres Volk Irlands und waren der großen irischen Muttergottheit Danu besonders zugetan. Die vier magischen Schätze dieses Volkes waren das Schwert des Kriegers Nuada, der irische Königsstein Lia Falil, der Kessel des Dagda und der Speer des Lugh. Ähnlichkeiten mit den heiligen Insignien des Grals sind nicht von der Hand zu weisen, vor allem, wenn man an das berühmte Schwert von König Artus denkt, das dieser als einziger Mensch aus einem Stein herausziehen konnte und dadurch seine Königswürde bewies.

Niemand kann sich die Herkunft des Tarotkartendecks erklären. Plötzlich tauchten die bunten Bilder im 13. Jahrhundert auf und fanden im Volk rasch Verbreitung. Anfangs zählten zum Deck noch vier Templerritter.

Die vier Asse des Tarot

Der irische Dichter und Literaturnobelpreisträger William Butler Yeats (1865–1939) scheint der Erste gewesen zu sein, dem Parallelen zwischen den vier Schätzen der Tuatha de Danaan und den vier Assen des Tarotkartendecks auffielen. In den Tarot-Assen tauchen die vier heiligen Insignien der Tuatha de Danaan wieder auf: Das Schwert steht für König Artus, der Teller des Tarotspiels taucht mehrmals in den Gralslegenden auf, der Gral steht für Parzeval und der Speer – im Tarot als blühender Stab dargestellt – symbolisiert den dahinsiechenden Fischerkönig Amfortas. Speer und blühender Stab bedeuten Fruchtbarkeit.

IS·NAZORAEVS·REX·IVDEORV

Die christliche Tradition des Grals

Es gibt eine denkwürdige Parallele zwischen Christus am Kreuz und dem keltischen Gott Lug, der am „Baum" hing. Beide wurden sie von einer Lanze in der Seite durchbohrt. Wie Jesus stirbt Lug und steht von den Toten auf.

Der Speer und die Schale

Die keltisch-christlichen Wurzeln von Speer und Schale

In den Geschichten vom Gral spielt der Speer keineswegs eine Nebenrolle. Der Speer hat in den keltischen Heldengedichten eine lange Tradition. Keltische Krieger waren Meister im Umgang mit dem Speer. Einmal geworfen, verfehlte er sein Ziel nur selten. Zudem wird auch der keltische Licht-Gott Lug von einem Speer in der Seite durchbohrt wie Jesus bei der Kreuzigung. Lug, aber auch der germanische Odin, hängen beide am Baum des Lebens – nicht unähnlich der Situation Jesu am Kreuz. Beide erstreben sie einen Opfertod und erstehen nach dem Tod wieder auf.

Um 1200, als die Gralsromane geschrieben wurden, hatte der Speer als Kriegswaffe bereits ausgedient und war durch die Lanze ersetzt worden. Die Lanze des Ritters, deren geschickte und sichere Handhabung er bei Turnieren unter Beweis stellte, war ein Symbol für ritterliche Tugenden und Zeichen der Herausforderung.

Der im Gralsmythos beschriebene keltische Speer lässt jeden kraftlos niedersinken, den er trifft. Er kann danach weder leben noch sterben. Für die christlichen Autoren des Mittelalters gehören Speer und Schale ursächlich zusammen. Der Grund dafür ist, dass der römische Hauptmann Longinus mit seinem Speer Jesus am Kreuz in die Seite stach. Dies war der endgültige Beweis für seinen Tod. Durch die zugefügte Wunde flossen, wie die Bibel sagt, Blut und Wasser aus der Seite des Gekreuzigten. Das wiederum wurde, so die Legende, von Joseph von Arimathia in einer Schale aufgefangen. Speer und Schale beziehungsweise Gral sind heilsgeschichtlich (Tod und Auferstehung) nicht voneinander zu trennen.

Die Kessel keltischer Götter

Dagda ist ein irischer Gott, und er besitzt einen Kessel. Dieser ist ein nie versiegendes, riesiges Gefäß. Niemand entfernt sich ungesättigt von ihm, wobei der Kessel des walisischen Gottes Diwrnach dem tapfersten Krieger die besten Fleischstücke gibt. In der Überlieferung der Kelten existieren auch diverse „Heilkessel", in welche der Held getaucht wird, um zu gesunden. Der Kessel des Cormac zerbrach jedes Mal in drei Stücke, wenn Lügen über ihm gesprochen wurden, und wurde wieder ganz, sobald drei Wahrheiten gesagt wurden. Der Kessel der großen Göttin Ceridwen macht Menschen allwissend, wenn sie in den Trank getaucht werden, den er enthält.

Der legendäre britannische König Bran besitzt einen magischen Kessel, in dem tote Krieger wieder zum Leben erweckt werden – so wie man es auf dem berühmten Keltenkessel von Gundestrup sehen kann. Alle vom Tod wiedererweckten Krieger haben eines gemeinsam: Sie können nicht sprechen. Der Grund hierfür ist, dass sie den Lebenden nicht vom Jenseits erzählen sollen. Der magische Kessel des Königs Bran zerbricht, sobald sich ein Lebender hineinsetzt.

Die dreizehn Schätze Britanniens
Die legendären dreizehn Schätze Britanniens befanden sich in der Obhut des Magiers Merlin und werden als reine Fiktion angesehen. Doch fand sich unter den Stücken, die er verwahrte, auch eine „Dysgl", die einst Rhyderch, König von Strathclyde, gehört haben soll. Diese „Dysgl" wird als eine breite, vertiefte Schale mit magischen Eigenschaften beschrieben: „... jedwede Speise, die man sich wünscht, erschien sogleich". Bei Chrétien de Troyes wird der an den Gästen vorbeiziehende Gral in seiner Funktion sehr ähnlich beschrieben.

Keltischer Kessel und christliche Eucharistie
Die keltische Vorlage für den magischen Kessel schrumpft in der christlichen Überlieferung zu einer Schale oder einem Kelch. Im Abendmahlritus enthält der Kelch Wein, der das Blut Jesu symbolisiert. Das Blut Jesu wurde am Kreuz für die Erlösung der Menschheit als Opferblut vergossen. Diese Vorstellungen vermischen sich mit denen der keltischen Tradition im Verständnis vom Gral als heilendes und nährendes Gefäß. Die Suche nach dem Gral und seinem Geheimnis, wie es die Ritter der Artusrunde auf sich nehmen, ist die Suche nach einem Leben spendenden und Leben erhaltenden Gefäß – schützend und nährend wie ein Mutterleib oder ein Uterus.

Das Brot ist der Leib Christi, der Kelch das Blut Christi, sagt der große Kirchenlehrer Augustinus (354–430) und betont damit zugleich deren Einheit. Beides symbolisiert der Gral: Kelch und ewige Nahrung in einem.

Joseph von Arimathia, der erste Gralshüter

Wer war Joseph von Arimathia?

Der jüdische Ratsherr Joseph von Arimathia scheint eine große Rolle im Leben Jesu gespielt zu haben. Immerhin darf er den toten Jesus vom Kreuz nehmen lassen, um ihn in einem Grab, das ursprünglich für ihn selbst gedacht war, zu bestatten. Alle vier Evangelien berichten, dass Joseph von Arimathia ein reicher Mann und heimlicher Jünger Jesu gewesen sei. Er war derjenige, der Pilatus bat, den Gekreuzigten vom Kreuz abnehmen zu dürfen. In dem apokryphen Evangelium von Nikodemus, das im vierten nachchristlichen Jahrhundert entstanden ist und von der Kirche nicht offiziell anerkannt wurde, wird erzählt, dass Nikodemus eine Salbenmischung aus Myrrhe und Aloe brachte, um den Leichnam Jesu damit einzubalsamieren. Als am Ostermorgen der Leichnam Jesu aus dem Grab verschwunden ist, wird Joseph von Arimathia verdächtigt, etwas damit zu tun zu haben und von den Häschern der Obrigkeit in Jerusalem verhaftet und in ein Gefängnis geworfen. Aus diesem wird er nach eigenen Angaben vom auferstandenen Jesu befreit.

Die erste Gralsgemeinde um Joseph von Arimathia

Zu Joseph, der Judäa verlassen muss, gesellen sich seine Schwester Enygeus, ihr Mann Bron und andere, namentlich nicht erwähnte Personen. Sie alle ehren den Heiligen Gral. Diese Gemeinde lässt sich im Süden Britanniens in der Gegend von Glastonbury nieder. Hier soll Joseph die Lady's Chapel, angeblich die erste Kirche im Westen Europas errichtet haben. Die Geschichte erzählt, dass eines Tages eine Stimme aus dem Gral zu ihnen spricht und ihnen vorwirft, dass einige von ihnen sich der Fleischeslust schuldig gemacht hätten. Es wird daraufhin in Erinnerung an das letzte Abendmahl eine Tafel errichtet,

Joseph und der Heilige Gral
Das apokryphe Nikodemusevangelium und die darin enthaltende Geschichte von Joseph von Arimathia scheint Vorlage für den Roman von Robert de Boron gewesen zu sein. Er schreibt, dass Joseph unter dem Kreuz stehend das Blut Christi in einer Schale aufgefangen habe. In seinem Haus habe Joseph einen kleinen Altar mit zwei brennenden Kerzen besessen und vor der Schale mit dem Blut des Erlösers jeden Tag gebetet. Nach der Befreiung aus dem Gefängnis wird er des Landes verwiesen. Zusammen mit Nikodemus und einigen Freunden begeben sie sich an Bord eines Schiffes und tragen die Schale mit Christi Blut bis in das ferne Britannien. Dabei versorgt der Gral die kleine Gemeinde mit Speisen. Joseph von Arimathia wird somit zum ersten Gralshüter.

Die Gralsgeschichte ist ohne den geheimnisvollen Joseph von Arimathia nicht denkbar. Warum fängt ausgerechnet er nach der Kreuzigung das Blut Jesu auf? Warum darf er den Leichnam Jesu vom Kreuz nehmen und in sein Familiengrab legen?

um zu speisen. Bron hat einen einzigen Fisch gefangen, der alle, bis auf die Sünder, satt macht. Diese müssen die Gemeinschaft verlassen. Im Laufe der Zeit schenkt Enygeus ihrem Mann Bron zwölf Kinder. Einer von diesen, Alein, wird der zukünftige Gralshüter. Joseph von Arimathia hat den Gral vorher an seinen Schwiegersohn Bron übergeben und ihn in die geheime Botschaft Christi eingeweiht. Diese ist ihm durch den Auferstandenen seinerzeit im Gefängnis von Jerusalem anvertraut worden.

Was ist das Gralsgeheimnis?
Die entscheidende Frage ist, in welches Geheimnis Joseph durch Jesus eingeweiht wurde. Man nimmt an, dass Jesus ihm den Kelch/Gral als das Gefäß des Heils mit den Worten anvertraute: „Als Zeichen meines Todes". Diese Formulierung gibt zu denken, denn sie erinnert an den keltischen Kessel der Fülle, der den ewigen Kreislauf von Werden und Vergehen darstellt. Alles, was stirbt, wird wiedergeboren, so lautet das Geheimnis des Kessels. Und im Johannesevangelium (12,24) steht, dass das Weizenkorn nur Frucht bringt, wenn es stirbt. Man darf also vermuten, dass die geheimen Worte des Herrn an Joseph sich auf dieses Mysterium bezogen.

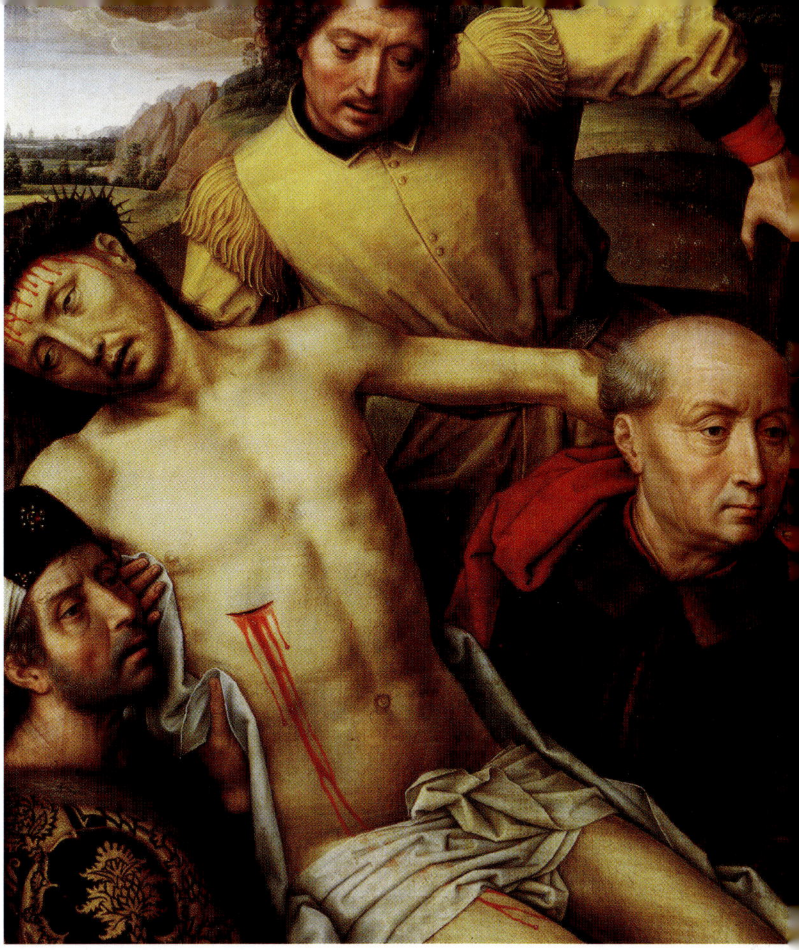

Jesus ist am Kreuz gestorben und wird davon abgenommen. Aus der Wunde, verursacht durch den Lanzenstich, fließt Blut. Joseph von Arimathia lässt den geschundenen Körper versorgen – die Bibel spricht von Kräutern und Salben.

Das Blut des am Kreuz gestorbenen Jesus soll Joseph von Arimathia nach Glastonbury gebracht haben. Einige Forscher wie der Engländer Laurence Gardner, geben hierfür aufgrund ihrer Forschungen das Jahr 49 an.

Der Fischerkönig als Gralshüter

Der Fischerkönig und seine christlichen Wurzeln

Parzival begegnet dem kranken Fischerkönig in seiner Gralsburg. Er heißt Amfortas und sucht seinen Nachfolger. Bei Wolfram von Eschenbach erfährt der Leser, dass der alte König „Li rois Peschierre“ (Fischerkönig) von einem Wurfspieß zwischen beiden Hüften verletzt wurde. Er kann nun nicht mehr auf sein Pferd steigen, und seine einzige Zerstreuung liegt darin, dass er in einem Nachen nahe seiner Burg in einem See fischt. Der Fisch steht hier für Christus und hat symbolisch gesehen mit Erneuerung und Wiedergeburt zu tun. Die alten Christen lasen die griechische Formel für das Wesen Christi: „Jesus Christus Theou Hysios Soter“ (Jesus Christus Gottes Sohn und Heiland), sodass sich durch die Aneinanderreihung der jeweils ersten Buchstaben das Wort „Ichtys“ ergab. Ichtys aber bedeutet im Griechischen „Fisch“. Ein Fisch war deshalb das Erkennungszeichen der frühen Christen im alten Rom.

An welcher Krankheit leidet nun der Fischerkönig der Gralslegenden? Die Formulierung „zwischen den Hüften“ wird als Verletzung an den Genitalien gedeutet. Ein solcher König ist unfruchtbar und muss warten, bis ein Nachfolger ihn erlöst. Er kann die zyklischen Lebensimpulse – so verstanden es die Kelten – nicht erneut in Umlauf bringen. Ähnliche Geschichten von verwundeten Königen finden sich in den altirischen „echtrae“.

Cundry taucht in den Gralssagen als Botin von fantastischer Hässlichkeit auf. Bei Wagner ist sie dagegen verführerisch. Cundry verflucht Parzival, weil er vergessen hat, dem König die richtigen Fragen zu stellen.

Das unfruchtbare Land des Fischerkönigs

Zum Geheimnis um den kranken Fischerkönig und der Allianz zwischen Gral und blutender Lanze gehört das unfruchtbar gewordene Land, das er regiert. Was steckt hinter dieser Vorstellung? Sie taucht in allen Gralslegenden auf und wird bei Wolfram von Eschenbach noch durch das Erscheinen der schrecklichen Cundry verstärkt. Dieses Weib von abgrundtiefer Hässlichkeit, wie der Dichter schreibt, verflucht Parzival, weil er nicht die richtigen Fragen an den Fischerkönig richtet. Dadurch, so Cundry, würde das Land noch stärker verwüstet und lebensunwert. Bei den Kelten galt Cundry als „pechschwarze Hexe“. Sie verkündet Übles und mahnt die Menschen, richtig zu handeln. Es gibt einige Wissenschaftler wie die englische

Die Darstellung des Fischerkönigs in der kleinen Kirche von Mensano. Es fällt auf, dass sich vor allem in Italien viele Hinweise in und an Kirchen zum Gralsthema finden lassen.

Der Fischerkönig von Mensano
Eine wunderschöne Darstellung des alten „Fischerkönigs" findet sich als herrlich gearbeitetes Säulenkapitell aus der Mitte des 12. Jahrhunderts in der kleinen, ehemaligen von Templern erbauten Kirche von Mensano westlich von Siena (Toskana). Der König sitzt auf seinem Thron und betrachtet vor sich einen großen Fisch. Auf den restlichen drei Seiten des Kapitells wird die Reise eines jungen Mannes dargestellt, der offenbar zu ihm unterwegs ist.

Gralsforscherin Jessie Weston oder der deutsche Hubert Lampo, die die Figur der Cundry christlich-esoterisch deuten. Sie vermuten, dass es im Mittelalter eine geheime esoterische Gesellschaft gab, die altes religiöses Wissen und esoterische Weisheiten in Umlauf setzten, um auf die wichtigen Zusammenhänge zwischen Leben und Tod, Mensch und Natur hinzuweisen. Offenbar sahen sie diese durch die Lehre der Kirche bedroht.

Falsches Verhalten der Menschen

Das Bibelcredo „Macht euch die Erde untertan!" hielten diese Geheimbünde deshalb für fatal, weil das Gleichgewicht zwischen Mensch und Natur hierdurch verletzt werden konnte. Diese esoterischen Zirkel, so Lampo und Weston, beeinflussten Autoren wie Chrétien und andere mit ihren Vorstellungen vom Gral, mit dem sie ein Geheimnis verbanden. So vermutet der Autor Hubert Lampo, dass es sich bei dem Gral um ein rituelles Gefäß handelt, während sich das eigentliche Geheimnis in einer „fehlenden Hintergrundinformation" verbirgt. Dieses Geheimnis hat seiner Meinung nach mit den polarisierenden Kräften von Leben und Tod und dem falschen Umgang des Menschen mit der Natur zu tun. Das unfruchtbare Land des Fischerkönigs ist also somit eine Warnung, die bis in unsere heutige Zeit hinein Gültigkeit hat.

Parzival und der sterbende Amfortas. An welcher Krankheit der Fischerkönig leidet, liegt im Dunklen.

War die Hochzeit von Kana, bei der Jesus Wasser in Wein verwandelte, die Hochzeit von Maria Magdalena und Jesus? Warum sonst darf seine Mutter Maria den Dienern sagen: „Macht, was er befiehlt!", wenn er nicht der Bräutigam ist?

Maria Magdalena – „Gefäss" Gottes?

Das Geheimnis der Maria Magdalena

Der auferstandene Jesus erscheint zuerst Maria Magdalena, der er sieben Teufel ausgetrieben hatte, erfährt man im Evangelium des Markus (Mk 16,9). Wer ist diese Frau, von der in den Evangelien nicht allzu viel zu lesen ist, die aber immerhin dem Auferstandenen als Erste begegnet? Maria Magdalena ist Motiv auf vielen mittelalterlichen Bildern, wo sie häufig mit rotem langen Umhang, goldblondem Haar und schönen Gesichtszügen

Maria von Magdala
Magdala bedeutet „erhaben", „groß" oder auch der „Turm". Magdalenas Verhältnis zu Jesus wird in den kanonisierten Evangelien nicht so deutlich wie in den so genannten apokryphen Evangelien. Ihre Person bietet viel Raum für Spekulation, da nicht eindeutig erklärt wird, ob sie mit Jesus eine sexuelle Beziehung hatte. Manche moderne Autoren sind davon überzeugt und halten sie daher für das eigentliche Gralsgeheimnis. Nicht nur die Möglichkeit, dass sie die Mutter von Jesus Kindern gewesen sein könnte, sondern auch die Vermutung, dass sie Jesu geheime Lehren gekannt habe, machen sie zu einer faszinierenden Figur. Im apokryphen Evangelium der Maria M., gefunden 1945 bei Nag Hammadi, liest man: „Petrus sprach zu Maria: Schwester, wir alle wissen, dass der Retter dich lieber hatte als die anderen Frauen. Sage du uns Worte des Retters, derer du dich erinnerst und die du kennst, wir aber nicht, weil wir sie auch nicht gehört haben."

dargestellt wird, mitunter auch barbusig. Fast immer findet man sie am Fuße des Kreuzes stehend, an dem Jesus hängt. Diese Maria aus Magdala kennen die Christen als reuige Sünderin und die Gnostiker als Geliebte des Herrn. Die schöne, in Tränen aufgelöste Büßerin ist in Frankreich in vielen Kirchen gegenwärtig. Darüber hinaus taucht ihr Name in zahlreichen nicht biblischen Zusammenhängen auf, wie beispielsweise als Bezeichnung einer Entwicklungsstufe der jüngeren Steinzeit, dem Magdalénien, nach dem Fundort La Madeleine in der Dordogne. Aber auch eine Insel nördlich von Sardinien trägt ihren Namen, ebenso wie Colleges in Cambridge und Oxford oder Bergketten in Nord- und Süditalien.

Ein rätselhafter Ausspruch

Es gibt einen rätselhaften Ausspruch von René d'Anjou, der angeblich eine Nachbildung der echten Gralsschale besessen haben soll. Bereits im Mittelalter setzte René d'Anjou auch die Magdalena mit dem Geheimnis um den Gral in Beziehung. In die Gralsschale des Königs René d'Anjous waren zwei Sätze eingraviert: „Wer die Tiefe trinkt, sieht Gott. Wer sie in einem Schluck leert, sieht Gott und Maria Magdalena." Worauf wollte der König mit diesen Sätzen nur hinaus? Galt Maria Magdalena wirklich als die Erste unter den Aposteln, weil Jesus ihr mehr als allen anderen anvertraut hatte – wie man es im Evangelium der Maria erfährt

Die verborgenen Evangelien

1945 entdeckten ägyptische Bauern bei Nag Hammadi in Mittel-Ägypten einen verschlossenen und versiegelten Krug mit wichtigen gnostischen Schriften. Darunter befanden sich das Thomas-Evangelium beziehungsweise Thomasbuch, das Evangelium der Maria (Magdalena), das des Philippos und andere, aus denen man sehr viel über urchristliche Glaubensvorstellungen erfährt. Die Kirche hatte diese Schriften sehr früh für ihren eigenen Kanon ausgeschlossen, da sie der Meinung war, dass darin Irrlehren mit gnostischem Hintergrund verbreitet würden. Die Gnostiker glaubten, dass ein minderer Gott die Welt erschaffen habe und Jesus niemals leiblich am Kreuz gestorben ist. Aus den Schriften von Nag Hammadi wird deutlich, dass es einen Frauenkreis um Jesus gegeben hat. Dies legt auch die Darstellung der Bibel nahe, dass Maria Magdalena sowohl am Kreuz wie auch am leeren Grab Jesu auftaucht. Weiterhin erfährt man aus den gnostischen Texten, dass offenbar die Magdalena von Jesus als seine Nachfolgerin auserwählt worden war und nicht Petrus, der Fischer.

René von Anjou war angesehener Künstler, Schriftsteller, Gesetzgeber, Musiker, Architekt, Linguist, Herzog von Kalabrien und Lothringen, Herzog von Anjou, König von Neapel und Sieger auf Ritterturnieren.

Maria Magdalena und der Da-Vinci-Code

Der amerikanische Autor Dan Brown („Sakrileg") ist nicht der erste, der Maria Magdalena auf dem weltberühmten Fresko „Das Abendmahl" von Leonardo da Vinci entdeckt haben will. Andere Autoren wie Jean Markale haben diese Möglichkeit schon früher in Betracht gezogen. Ist es wirklich so, dass auf dem Fresko des Genies da Vinci die Person zur Rechten Jesu, die die Kunsthistoriker als Johannes, seinen Lieblingsjünger deuten, in Wirklichkeit eine Frau ist? Auffallend sind in der Tat die grazilen Hände, das feine Gesicht, die weibliche Brust und das Goldcollier der gemalten Person. Zudem gibt es von der Kleidung her interessante Entsprechungen zwischen ihr und Jesus, den der große italienische Künstler in seinen Anmerkungen zum Bild „Erlöser" nennt. Jesus trägt einen blauen Rock und einen roten Mantel – die Person zu seiner Rechten trägt einen roten Rock und einen blauen Mantel.

Das andeutungsvolle M

Als ob Leonardo da Vinci eine weitere Bestätigung geben wollte, um wen es sich bei dieser Gestalt handelt, ergibt sich für den Betrachter aus der Anordnung des Ensembles – Jesus/Maria – ein großes M. Wollte der geniale Leonardo da Vinci mit dem Abendmahl-Fresko seine persönliche Überzeugung über das Verhältnis zwischen Maria aus Magdala und Jesus darlegen? Bekannt ist, dass er das Fresko nur schuf, um eine geheime Botschaft darin zum Ausdruck zu bringen. Doch um welche Botschaft es sich handelt, ist nicht zu entschlüsseln. Einige Forscher haben gar vermutet, dass der Künstler die herausragende Stellung der Astrologie zu seiner Zeit durch das dargestellte Abendmahl zum Ausdruck bringen wollte. Dabei symbolisieren die zwölf Apostel die verschiedenen Sternzeichen, von denen dann Johannes oder aber Maria Magdalena das Sternzeichen der Waage darstellen würde, dabei versinnbildlichen ihre übereinandergelegten Hände Ausgleich und gefühlvolles Abwägen.

„Das Abendmahl" von Leonardo da Vinci zeigt Jesus mit der Schale, die für viele Forscher den wahren Gral darstellt. Ob neben ihm wirklich Maria Magdalena und nicht Johannes sitzt, bleibt umstritten.

Warum Maria Magdalena?

Einzig Maria Magdalena kannte die wahren Geheimnisse der Lehre Jesu, so behaupten manche esoterische Theorien. Ihr hat er all die Geheimnisse offenbart, die seine Jünger nicht kannten, diese Annahme jedenfalls scheinen die gnostischen Texte zu belegen. Welches dunkle Geheimnis umgab Maria Magdalena und Jesus, auf das uns Leonardo da Vinci – wenn auch verschlüsselt – hinweisen wollte? Sie wird als Hure betrachtet, wobei es sich dabei um eine alte symbolische Bedeutung handelt. Im Tempel von Jerusalem, den Salomon einst im Osten der Stadt errichten ließ, wurde die dreifache Göttin Mari-Anna-Ischtar, die Große Hure Babylons zusammen mit ihrem Erlösersohn Tammuz verehrt. Ischtar ist die Hure Babylons, und ihr Name gibt noch Weiteres preis, denn er bedeutet das „Weib (ischt oder esch(e)t) des (babylonischen) Turmes (tar)". Magdalena ist der Übersetzung nach „die Frau des Tempelturms" und ihr Name deutet somit auf die drei Türme des Tempels der Großen Hure Babylons. Walker weist in ihrem Buch auf eine weitere Parallele hin: Der von den Toten Auferstandene darf im Ishtar-Kult zuerst nur von Frauen gesehen werden. Maria Magdalena sieht als Erste den auferstandenen Jesus. Aus diesen Fakten leitet Barbara Walker ihre Theorie von der symbolischen Gleichsetzung der Magdalena mit der Ishtar Babylons, der großen Hure ab – was aber niemals in dieser Form vom offiziellen Christentum akzeptiert werden würde. Walkers Überlegungen erklären zumindest die Namensgebung und die große Bedeutung der Maria Magdalena für den inneren Personenkreis um Jesus.

Die berühmte Szene aus dem Neuen Testament, wo Maria Magdalena die Füße Jesu wäscht und mit ihrem langen Haar trocknet, führt viele moderne Forscher zu der Vermutung, dass sie seine Geliebte oder Frau gewesen ist.

Ein bestimmtes Ritual

Zur Anbetung der großen Hure gehörte ein Ritual, das tödlich endete, wie manche Quellen belegen. Dabei wurden die männlichen Opfer durch die Priesterinnen gesalbt, getauft, bevor sie in die Unterwelt hinabstiegen. Im Evangelium des Matthäus erklärt Jesus den anwesenden Jüngern, als Maria Magdalena seine Füße salbt: „Dass sie das Öl auf meinen Leib gegossen hat, das hat sie für mein Begräbnis getan" (Mt 26,7–12). Gibt es also eine enge kultische Verbindung zwischen Jesus und Maria? Das rote Kleid, das auch die „Hure Babylons" zierte, gebührt in der Kunst des Mittelalters häufig der Magdalena. Es soll sie als „Sünderin" kennzeichnen.

Allgemein wird angenommen, dass sich Magdalena vom Ortsnamen Magdala, eine Fischerstadt ableitet. Deren Wortstamm „migdal" bedeutet „Turm". Kirchentürme werrden daher oft in Verbindung mit Magdalena gebracht.

Die Templer – Wächter und Besitzer des Grals?

Die „Armen Brüder vom Tempel"

Es wird immer wieder behauptet, dass der mittelalterliche Orden der Templer unermesslich reich gewesen sein soll und dass er im Besitz des Grals gewesen sei. Dabei nannten sich die Tempelritter oder Schwertbrüder, wie man sie auch bezeichnet, selbst die „Armen Brüder vom Tempel" und trugen in den ersten zehn Jahren ihres Bestehens eher Lumpen und abgelegte Kleider als kostbare Kleidung. Von Anfang an war dieser Ritterorden auf Erfolgskurs: 1119 in Jerusalem von neun fränkischen Rittern gegründet, zählen 1127 nach der Anerkennung durch den Papst auf dem Konzil von Troyes schon 300 Brüder zu den Templern. Der rasche Aufstieg des neuen Ordens beschleunigte sich vor allem durch die Unterstützung des charismatischen Kirchenmannes Bernhard von Clairvaux.

Vier Klassen von Templern

Der Orden selbst bestand aus vier Klassen: 1. die Ritter, fratres milites (kämpfende Brüder), die anfangs noch adeliger Herkunft sein mussten, 2. die Kapläne, fratres capellani (betende Brüder), die geistige Elite, die das Geheimwissen hüteten, 3. die Knappen und Herolde, fratres servientes (dienende Brüder), die schwarze Mäntel trugen und 4. alle Hausleute, Landarbeiter, Knechte und Handwerker, fratres famuli et officii (arbeitende Brüder), die braune oder blaue Ordensgewänder trugen. Die Handwerker waren noch einmal in die Gesellen der Freiheit gegliedert (Baumeister und Steinmetze), Gesellen der Pflicht (Schreiner und Schlosser) und Meister der Axt (Zimmerleute). Sowohl die Kapläne als auch die Ritter bildeten das Herz des Templerordens. Die Waffen der Tempelritter waren mit kabbalistischen Symbolen geschmückt – eine Geheimlehre, die von den Waffenherolden gehütet wurde.

Jaques de Molay war der letzte Großmeister der Templer, bevor der Orden durch Philipp den Schönen von Frankreich zerschlagen wurde. Der Großmeister wurde 1314 in Paris auf dem Scheiterhaufen verbrannt.

Ein Orden mit sehr großem Einflussbereich

Von Anfang an gibt es Vergünstigungen für die Templer. Vom Zehnten (Steuern) werden sie befreit, dürfen selbst teilweise den Zehnten erheben und fast immer die gesamte Kriegsbeute behalten. Viele Adlige überlassen den Templern ihre Einkünfte oder belehnen den Orden mit Land.

Über 30 000 Ritter kann der Orden Anfang des 13. Jahrhunderts mobilisieren. Sein Einflussbereich hat sich vom Mutterland Frankreich nach Deutschland, England, Spanien, Portugal, Italien, auf den Balkan und selbstverständlich nach Palästina ausgeweitet. Der Orden der Armen Brüder ist damit die mächtigste Institution des Mittelalters. Bei vielen wichtigen politischen Entscheidungen stehen Templer mit in der ersten Reihe, und häufig genug ist ihr Reichtum das Zünglein an der Waage. Mit der Zeit entwickeln sie sich zu wahren Großfinanziers, obgleich sie persönlich zu einer asketischen Lebensweise und eher schlichten Kleidung verpflichtet sind.

Internationale Geldgeschäfte

Als sich zeigt, wie gut der Orden sich auf die Verwaltung von Reichtümern versteht, wird ihm von Königen und Päpsten die Verwaltung von Liegenschaften, Steuereinnahmen, Gold, Geld und Juwelen anvertraut. Das Bankgeschäft floriert. Mit Fug und Recht darf man die Templer sogar als Erfinder des Girokontos bezeichnen. Eröffnung von laufenden Konten, Aussetzung von Renten und Pensionen, Darlehen, Bürgschaften, Pfandleihe, Inkassogeschäfte, internationaler Geldtransfer, Wechselgeschäfte sind ihr ganz besonderes Metier. Wer in Paris oder London einzahlt, der darf sicher sein, dass er sein Geld über einen Wechsel in jeder beliebigen Währung in Jerusalem oder Griechenland zurückerhält. Wechselbrief und Scheck werden von ihnen erfunden, und die Templer übernehmen auch die Anlageberatung für europäische Herrscher und Handelshäuser.

Der Templerorden wurde ursprünglich zum Schutz der christlichen Pilger gegründet, stieg aber rasch zu einer mächtigen Institution auf. Erkennungszeichen der Templer war das rote Kreuz über der linken Schulter.

Bedeutende Gralsorte in Europa

Eine mythische Gralsburg

Die Gralsburg Montsalvasch/Montsalvaesche

Die Gralsburg ist der Tempel des Grals, ihren Namen könnte man als „Berg des Heils" übersetzen – ein Ort, an dem sich Himmel und Erde treffen. Alle Tempel oder heilige Berge sind für sich genommen der Mittelpunkt der Welt. Nur wenige von ihnen sind wirklich bedeutend, wie der mythische indische Berg Meru, der Berg Sumeru im Ural, über dessen Gipfel der Polarstern steht, der buddhistische Berg Kailasch in Tibet oder auch der Ort der Kreuzigung Jesu, der Berg Golgatha in Israel. Wo aber mag der Berg Montsalvasch beziehungsweise Montsalvaesche liegen? Nicht wenige Gralsforscher vermuten ihn in den Pyrenäen. Sie haben ihn mit dem Montségur der Katharer in Zusammenhang bringen wollen, da der Name ähnlich klingt. Aber der Montségur ist seiner Übersetzung nach „der sichere Berg", und als heilig haben ihn die gläubigen Katharer sicherlich nicht betrachtet. Wolfram von Eschenbach beschreibt den Tempelberg Montsalvasch recht ausführlich: „Durchmesser von einhundert Faden. Darum standen zweiundsiebzig Kapellen von achteckiger Gestalt. Je zwei Kapellen hatten einen Turm, sechs Stockwerke hoch, an dem außen eine Wandeltreppe hinaufführte."

Kostbare Kristalle und Edelsteine

Was die Ausstattung des Tempels angeht, so schreibt der Dichter von Edelsteinen, Gold, durchsichtigen Kristallen und blauem Email für die Dächer. Die Hüter von Montsalvasch sind die „templeis" oder Templer, wie Wolfram von Eschenbach mitteilt. Es bleibt die ungeklärte Frage, ob er mit seiner Beschreibung auf das Kloster San Juan de la Peña in den Pyrenäen abzielt (s. S. 74 ff.), da hier die Abendmahlsschale verwahrt wurde. Vermutlich aber ist Montsalvasch ein idealer paradiesischer Ort, wie ihn sich Menschen als Burg des Heils und des ewigen Friedens wünschen.

Esclarmonde de Foix war eine bedeutende katharische Frau. Die Priester der Katharer nannten sich „Parfaites" (die Vollendeten), während Priesterinnen wie Esclarmonde „Bonnes-Dames" (gute Frauen) genannt wurden.

Esclarmonde de Foix

Im 13. Jahrhundert, als die Katharer blutig verfolgt wurden, lebte in Foix nahe dem Montségur die Fürstin Esclarmonde (1151–1215). Sie wurde bereits zu Lebzeiten hochverehrt und galt als überzeugte Katharerin. Ihr Name bedeutet „Leuchte der Welt", was Otto Rahn zum Anlass nahm, in ihr die von Wolfram erwähnte Repanse de Schoye zu sehen, die Gralsträgerin. Weitere Belege sollten seine These stützen, dass der Montségur die Gralsburg Montsalvasch ist: Ein Burgherr der Festung hieß Pérelhe, lateinisch Perilla, und trägt somit den gleichen Namen wie der Gralskönig in der Titurel-Dichtung von Wolfram von Eschenbach. Poetischer Zufall, oder steckt mehr dahinter? Auch diese Frage ist nicht eindeutig zu beantworten.

Otto Rahn und seine Suche nach Montsalvasch

Führende Repräsentanten des „Dritten Reiches" schwärmten vom Mythos des Heiligen Grals und sahen in ihm ein „urarisches" Erbe, das dem Volk wieder näher gebracht werden müsse. Einer, der in jener Zeit aktiv auf der Suche nach dem Fundort des Grals war, war Otto Rahn (1904–1939). In seinem Buch „Kreuzzug gegen den Gral" (1933) beschreibt er seine Spurensuche im französischen Languedoc, dem Land der Katharer. Rahn verband die Gralsburg Montsalvasch mit dem arischen Asgard oder Walhalla, die er in der Katharerburg Montségur nahe den Pyrenäen lokalisiert sah. Für Rahn war der Gral ein ketzerisches Symbol, das sich direkt gegen das Christentum wandte. Er folgerte dies aus dem Verhalten jener vier waghalsigen Katharer, die sich am Vorabend der Aufgabe ihrer Bergfestung Montségur aus schwindelnder Höhe abseilten, um etwas Wichtiges in Sicherheit zu bringen, das den französischen Truppen nicht in die Hände fallen sollte. Für Rahn stand fest, dass es der Gral war, ein heidnischer Gegenstand, in direkter Konkurrenz zum christlichen Kreuz.

Wie ein Schiff liegt die einstige Zufluchtsfeste der Katharer auf dem Montségur. Ein steiler, steiniger Fußweg führt durch Buschwerk hinauf. Oben angelangt wird man durch einen herrlichen Blick auf nahe Gipfel der Pyrenäen belohnt.

Das alte Carcassonne ist von mächtigen Mauern umgeben und war einst Ausgangspunkt für die Feldzüge gegen die Katharer im französischen Languedoc. Noch heute beeindrucken seine engen Gassen und Gräben die zahlreichen Besucher.

Auf Spurensuche in Frankreich

Die Katharer und der Gral

Die Geschichte der Katharer, vor allem aber ihr Untergang, ist stark mit einem Ort verbunden: dem Berg Montségur in Südfrankreich nahe den Pyrenäen. Gleich einem Adlernest klebt die uneinnehmbare Festung der Katharer auf dem schmalen Grat eines Berggipfels am Fuße der Pyrenäen. Durch die verfallenen Mauern bläst heutzutage der Wind, und von den Zinnen aus befällt den Besucher ein Schwindelgefühl angesichts der tiefen Schluchten ringsumher, die sich dem Betrachter wie Schlunde der Hölle öffnen. Dieser Felsblock, so scheint es, ist mit Waffengewalt nicht zu erobern. An allen Seiten bieten die sechzig bis achtzig Meter senkrecht abfallenden Steilhänge einen ebenso wirksamen Schutz wie Festungsmauern. Diese Katharerburg wurde im 13. Jahrhundert über ein Jahr lang von den Truppen des französischen Königs belagert. Dann, am 16. März 1244, verlassen die Bewohner von Montségur ihre Zuflucht, doch nicht, um aufzugeben. 205 Katharer weigern sich nach wie vor, ihrem Glauben abzuschwören, und stürzen sich singend in die Flammen des Scheiterhaufens.

Ein großes Geheimnis
Am Vorabend des 16. März hatte der katharische Kommandant Pierre-Rogère de Mirepoix noch vier seiner Männer zur Flucht verhelfen können. An Seilen hatten sie sich an der Westwand des Berges hinuntergelassen. Wer waren diese vier Männer? Warum durften sie fliehen? Kannten sie wichtige Geheimnisse, oder sollten sie gar bedeutende Dokumente oder Besitztümer, beispielsweise den Katharerschatz, in Sicherheit bringen? Ihre Flucht hat zu mancherlei Spekulationen über diese außergewöhnliche Geheimsekte Anlass gegeben. Kann es möglich sein, dass der Heilige Gral sich in den Händen dieser Katharer vom Montségur befunden hat, um dann vor den Truppen in Sicherheit gebracht zu werden?

Nachdem die Truppen des Königs den Montségur belagert und mit Gewalt nicht hatten einnehmen können, seilten sich in der Nacht vor der freiwilligen Übergabe der erschöpften Bewohner, vier Katharer mit einem „Schatz" unerkannt ab.

Die Religion der Katharer

Im 12. Jahrhundert entsteht im westlichen Europa die christliche Sekte der Katharer. Für sie hat der Teufel alles Sichtbare und Vergängliche geschaffen, darunter auch den menschlichen Körper und die Sexualität. Gott hingegen hat das geschaffen, was von Dauer ist, das Unsichtbare und die unverderbliche menschliche Seele. Der reine Mensch ist folglich himmlisch und körperlos. Die Bewegung der Katharer hat sich zunächst im Stillen formiert. In der französischen Champagne wird dann das erste katharische Bistum gegründet. In Südfrankreich entsteht ein Bistum in der Gegend von Albi – daher auch der weitere Name Albigenser für Katharer. Die christliche Sekte verbreitet sich rasch. Ihre Ketzerei besteht vor allem darin, dass die Katharer die Existenz zweier Christusfiguren annehmen: zum einen der irdische Christus, der in Jerusalem gekreuzigt worden ist und dies zu Recht, weil er mit Maria Magdalena in wilder Ehe zusammenlebte und sogar Kinder mit ihr hatte, und der himmlische Christus, der nicht aß oder trank und in der unsichtbaren Welt geboren und gekreuzigt wurde.

Christus ist nur ein Engel

Christus war für die Katharer ein Prophet, ein Lehrer, aber kein Erlöser, denn er war nur ein Engel. Einige katharische Radikale vermuteten gar, dass Christus überhaupt keinen Leib wie jeder andere besessen habe, sondern nur einen „Corpus phantasticum" – einen Scheinleib. Jede gefallene Seele ist Christus gleich, glaubten die Katharer, die sich als die „Reinen" bezeichneten. Viel mehr als Christus galten den Katharern ihre „Parfaits" – ihre „Vollendeten".

Die Katharer sahen vor allem in Papst Innozenz III. ihren gefährlichsten Feind. Dieser wollte mithilfe der kaiserlichen Gesetze die physische Vernichtung des Katharismus erreichen.

Wer aufmerksam durch die Dörfer der einstigen Katharer-Region geht, stößt auf alte Katharer-Gräber, wie hier in Saint-Engrâce südöstlich von Biarritz. Ein schlichter grauer Stein mit dem Tatzenkreuz ziert die Gräber der „Reinen".

Montségur und das rätselhafte Sonnenzimmer

Zu diesem Zeitpunkt ist Montségur die Hochburg der Katharerbewegung. Ein ganzes Jahr lang belagern die Truppen des französischen Königs diese schier uneinnehmbare Festung auf dem Felsgrat. Zuletzt stellt man den Katharern ein Ultimatum: die Übergabe Montségurs am 16. März 1244. Historiker fanden heraus, warum man den Ketzern gerade diesen Tag als Tag der Übergabe diktierte. In jenem Jahr 1244 fiel die Tagundnachtgleiche auf den 15. März. In Montségur entdeckte man ein so genanntes Sonnenzimmer. Wollte man den Katharern also zugestehen, zum letzten Mal ein rituelles Sonnenfest zu feiern? Gab es folglich einen Sonnenkult auf dem Montségur? Ein weiteres ungelöstes Rätsel, denn nach allem, was wir wissen, haben die Katharer nicht nur magische Praktiken, sondern überhaupt jegliche Rituale ausdrücklich abgelehnt.

Hinweis auf den Gral?

Das rätselhafte Sonnenzimmer auf dem Montségur ist nicht wegzudiskutieren. Wozu aber wurde es benutzt? Folgt man der Theologie der Katharer, dann kann ein solcher Raum nur als ein Ort der Wandlung gedient haben. Ein Ort, an dem nach Katharerglaube der in der Materie gefangene Mensch erwacht und die wohltuenden Strahlen des anfänglichen Lichtes empfängt. Kann es sein, dass die Katharer im Besitz einer Schale gewesen sind, mit der sie das Sonnenritual vollzogen? Eine Schale aus Gold oder aus einem Stein, der das Licht einfing? Der Gral selbst gilt als Kessel der Erneuerung. Die Sonne ist Garant für alles Leben auf der Erde. Deutet also die ungewöhnliche Existenz eines Sonnenzimmers auf das Vorhandensein des Grals hin, den die vier Männer kurz vor der Vernichtung fortschafften? Wir wissen es nicht, aber viele Wissenschaftler vermuten es.

Das berühmte Sonnenzimmer des Montségur befindet sich in diesem Turm. Forschungen haben ergeben, dass jeder Eintritt der Sonne in ein anderes Zeichen des Tierkreises mit bestimmten Punkten des oberen Fensters korrespondiert.

In Saintes-Maries-de-la-Mer in der Camargue feiern alljährlich am 25. Mai die Sinti und Roma die Ankunft der drei Marien: Magdalena, Maria Jacobi und Maria Salome. Sarah, die Ägypterin, gilt als Dienerin der Magdalena.

Eine weitere Theorie zur Deutung des Grals

Die bereits mehrfach erwähnte Vorstellung, Christus habe Kinder mit Maria Magdalena gehabt, kannten bereits die Katharer. Forscher wie der Franzose Jean Markale deuten daher das Wort „Gral" völlig neu. „Saint Gral", der „Heilige Gral" hieß im 15. Jahrhundert auf französisch „sangreal", was an das französische „sang royal", also das königliche Blut erinnert. Ist der Heilige Gral also nichts anderes als ein Hinweis auf ein Königsgeschlecht, das durch Jesus und Maria Magdalena begründet wurde? Maria Magdalena soll einer Legende nach mit ihren Kindern in das südfranzösische Razès – das spätere Katharergebiet – gelangt sein, wobei sie vorher, wie es die Sinti und Roma glauben, in Sainte-Marie-de-la-Mer in der Camargue an Land gegangen ist. Ihre Kinder haben dann ein Geschlecht begründet, aus dem später dasjenige der Merowinger hervorgegangen sein soll.

Der Gral – Geheimdokument statt Gefäß?

Der Schatz der Katharer bestünde also demnach in dem Beweis für die Existenz einer verbürgten göttlichen Dynastie, die durch die karolingischen Usurpatoren und ihre Nachfolger, die Karpetinger, zurückgedrängt wurde. Eine solche Hypothese korrespondiert seltsamerweise mit dem westeuropäischen Mythos vom großen Monarchen, einem legendären Weltenherrscher, der um das Jahr 2000 erscheinen soll und einem göttlichen Geschlecht angehört. So behaupten einige Forscher wie Jean Markale oder das Autorenpaar Michael Baigent und Richard Leigh, dass die vier Katharer kurz vor Übergabe der Burg Montségur keine Schale, sondern vielmehr geheime Dokumente weggeschafft haben. Diese sollten nicht in die Hände des französischen Königs oder des Papstes fallen, da sie belegten, dass Jesus Nachfahren hatte.

Das berühmte Schweißtuch der Veronika verdankt seinen Namen keiner Frau, sondern einem Wortspiel: vera icona – das „wahre Antlitz/Bild" wurde zu Veronika. Vermutlich weist es auf das Tuch von Manopello hin.

Auf Spurensuche in Italien

Das Gralsmotiv in Italien

Bekannt ist, dass ein als „Artusmeister" in die Geschichte eingegangener, anonymer Bildhauer des 12. Jahrhunderts in der Archivolte (vorderer Bogen) des Nordportals von Modena Teile der Artusgeschichte dargestellt hat. Dieses Portal heißt „Porta della Peschiera". Als Motive aus der Artussage lassen sich erkennen: die Befreiung Ginevras aus der Burg des Riesen Caradoc. Damit ist das Portal von Modena die früheste bekannte Artus-Darstellung in der bildenden Kunst, erstellt zwischen 1110 und 1130.

In Ortranto in Süditalien schuf Meister Pantaleone 1165 sein berühmtes Fußbodenmosaik. Hier findet sich neben Alexander dem Großen und griechischen Göttern auch König Artus als „Arturus Rex" wieder. Artus selbst reitet auf einem ziegenartigen Symboltier. Eine Darstellung des „Fischerkönigs" hat ein unbekannter Bildhauer an der kleinen romanischen Dorfkirche von Mensano bei Siena geschaffen.

Der Gral als das Grabtuch Christi?

Das Grabtuch Christi befindet sich bekanntlich in Turin. Es zeigt den Gekreuzigten und enthält Blutflecken – eine Folge der grausamen Hinrichtung. Weil das Turiner Grabtuch als echte Reliquie verehrt wird, enthält es folglich das Blut des Erlösers. Verschiedene Gralsgeschichten assoziieren den Gral mit dem Bild des Gekreuzigten. Diese Vorstellung begegnet dem Leser zum einen im „Vulgata-Zyklus" (1200–1240). Hier steigt aus dem Kelch/Gral das Bild des gekreuzigten Jesus empor. Desgleichen liest man im „Perlesvaux", wo das Grabtuch Jesu sogar ausdrücklich Erwähnung findet. Die Schwester von Perlesvaux will ein Stück des Tuches in ihren Besitz bringen, damit es den Wohlstand der Familie sichert. Das Stück vom Grabtuch wird am Ende in der Gralskapelle aufbewahrt. Es ist also gar nicht so unwahrscheinlich, dass einige Menschen im Mittelalter das Grabtuch als „Heiligen Gral" verehrt haben.

Das „Volto Santo" von Manopello als Gral

Eine zweite, nicht minder kostbare Reliquie, wird ebenfalls in Italien verehrt. Hierbei handelt es sich um das „Volto Santo – das Schweißtuch der Veronika". Das „Schweißtuch der Veronika" ist die „vera icona", das wirkliche Abbild Jesu, und hat nichts mit einer Frau namens Veronika zu tun. Die frühen Christen haben immer wieder von diesem Bildnis erzählt. Eine solche Darstellung auf einem hauchzarten Schleier ist das „Volto Santo" von Manoppello bei Pescara im südlichen Italien. Dieses Schleierbild hat vollkommen rätselhafte Eigenschaften, denn das Bild wirkt weder gemalt noch gewoben, was auch die bisherigen mikroskopischen Untersuchungen bestätigten. Das Antlitz auf diesem Schleier lässt sich mit dem Bildnis des Turiner Grabtuches genau in ihren Dimensionen zur Übereinstimmung bringen. Für die Gläubigen, die das Tuch als Abbild des Erlöserantlitzes verehren, ist dies ihr Heiliger Gral.

Der Gral von Genua

Der Gral als Gefäß ist auch in Italien zu besichtigen. Im Jahre 1101 eroberte die fränkische Armee unter König Balduin I. (1058–1118) Cäsarea Maritima in Palästina. Die alte römische Stadt wurde Sitz eines Erzbischofs, und nicht nur die Franken, sondern auch Christen der Ostkirche und Muslime siedelten hier. Die Genueser fanden dort eine merkwürdige sechseckige grüne Schale aus Smaragd – „Sacro Catino" – und hielten sie für den Abendmahlskelch Jesu. Die Schale wurde nach Genua gebracht und wird dort in der Kirche San Lorenzo – genauer im Domschatzmuseum – aufbewahrt, auch wenn der Smaragd sich leider als grünes Glas herausstellte. Es existieren weitere „Sacro Catino" in Italien, die von ihren jeweiligen Findern ebenfalls für den originalen Heiligen Gral gehalten werden – beispielsweise der Kelch, den die Gralsforscherin Gabriella Agrati aufgespürt hat.

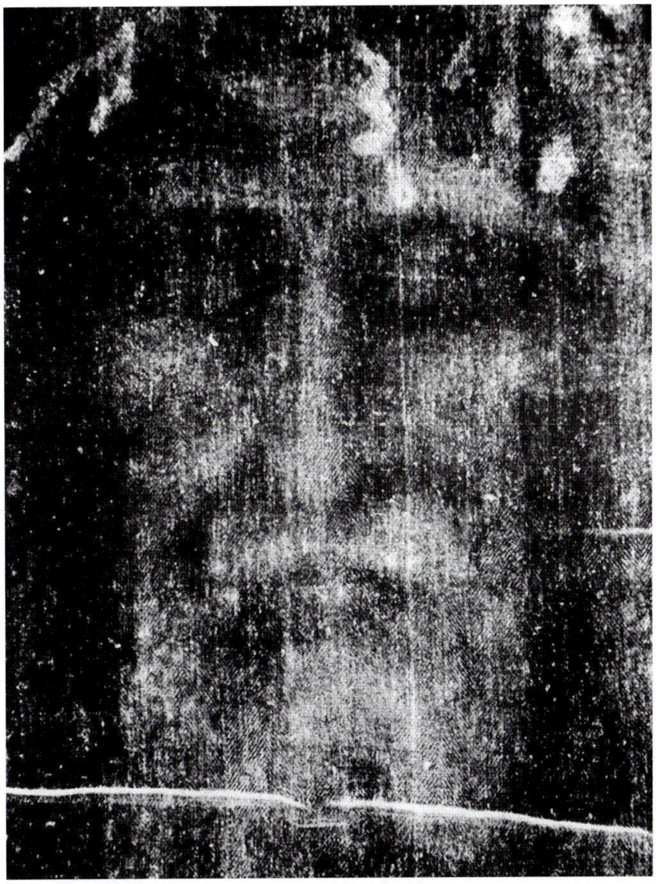

Das Grabtuch von Turin zeigt die Vorder- und Rückseite eines Mannes. Je nachdem, wie man es auslegt, kann der Eindruck entstehen, man habe es mit einem doppelten Kopf oder zwei Gesichtern zu tun.

Die ineinanderverschlungenen Kreise des Tores zum Chalice-Well-Garten versinnbildlichen das Zusammengehen der irdischen mit der überirdischen Welt. Sie haben eine gemeinsame Schnittmenge: Ist es der Heilige Gral?

Ein neuer Gralsfund in Glastonbury

Es gibt die alte Legende, nach der Joseph von Arimathia die christliche Abendmahlsschale unterhalb vom Glastonbury-Tor vergraben habe. Dort sprudelt seitdem heilkräftiges Wasser in ein Bassin, das man Chalice Well nennt. Das eisenhaltige Wasser ist rotbraun und soll vielen kranken Menschen bereits geholfen haben. Der Brunnen selbst – Kelch-Quelle genannt – wurde um das Jahr 1184 aus massivem Stein gebaut und besteht aus zwei Kammern. Der um 1958 gegründete „Chalice Well Trust" legte um die alte Quellfassung einen stimmungsvollen Garten an. Jährlich pilgern unzählige Besucher zum Chalice Well, um von dem reinen Quellwasser zu trinken. Vermutungen, dass die Quelle ursprünglich mal eine druidische Kultstätte gewesen sein könnte, sind nicht von der Hand zu weisen. Ausgrabungen haben ergeben, dass das ganze Gebiet zumindest während der Römerzeit um 200 n. Chr. besiedelt gewesen ist. Doch Chalice Well, die Kelch-Quelle, steht seit 100 Jahren noch wegen eines anderen Fundes im Blickpunkt des Interesses.

Der kreisrunde Tisch von König Artus

Es gibt ihn tatsächlich, den berühmten Tisch, an dem König Artus seine besten Ritter des Landes versammelte, jener Tisch, an dem die Ritter vom Gral bedient wurden. Zu sehen ist er im Winchester Castle (erbaut 1067), Great Hall in Südengland. Der große kreisrunde Tisch, mit seinen 24 abwechselnden grün-weißen Feldern hängt dort an einer Wand in dem ansonsten leeren Raum und bietet, wie man den Namen am Tischrand entnehmen kann, Platz für 24 Ritter. Oben thront König Artus, und die weiteren Namen seiner Tafelrunde lauten im Uhrzeigersinn: Sir Galahallt, Sir Laucelot, Sir Gauen, Sir Percyvale, Sir Lyonell, Sir Trystam, Sir Garethe, Sir Bedwere, Sir Blubrys, Sir Lacotemale, Sir Lucane, Sir Plomyd, Sir Lamorak, Sir Born, Sir Safer, Sir Pellus, Sir Kay, Sir Ectord, Sir Dagonet, Sir Degore, Sir Brumear, Sir Lybyus, Sir Alynore und Sir Mordrede. Dies also die vollständigen Namen der Ritter der Tafelrunde, die bis heute viele Besucher in ihren Bann zieht, auch wenn der Tisch laut wissenschaftlichen Untersuchungen aus dem 13. Jahrhundert stammt.

Weitere Gralsfunde in England

Wie lebendig die Gralstradition in England noch ist, zeigt ein Zeitungsbericht vom Mai 2005. Journalist Raymond Brown will in Hertfort, nördlich von London, auf den Gral gestoßen sein. Seiner Aussage nach liegt die Gralsschale in einem uralten Tunnellabyrinth, dessen Zugang sich genau unter einer Pizzeria befinden soll. Brown erklärt in dem Zeitungsartikel weiter, dass der Gral im Jahre 1307, als man die Templer in Frankreich und vielen anderen Ländern inhaftierte, dort versteckt worden sei. Der Journalist will den Gral jedoch in seinem Versteck belassen, weil das Kellergewölbe zugemauert sei und man nicht direkt in das Tunnelsystem gelange. Sein Beweis: In einem örtlichen Kirchenfenster von 1300 hält Johannes der Täufer einen Kelch in der rechten Hand, angeblich der Heilige Gral.

Die saphirblaue Schale

In einem Feld in der Nähe von Chalice Well wurde Anfang des 20. Jahrhunderts eine ungewöhnliche Schale entdeckt. Gefunden hat sie ein nicht minder geheimnisvoller Mann namens Wellesley Tudor Pole (1884–1968), der als Esoteriker die saphirblaue Schale zum wirklichen Gral erklärte. Das alles geschah im Jahre 1906. Bis 1914 befand sich der geheimnisvolle Kelch in einem Andachtsraum in Bristol. Angeblich konnte über Jahre kein Wissenschaftler das Gefäß datieren oder über seinen Entstehungsort Klarheit gewinnen. Gefilmt oder fotografiert werden darf der „Gral" von Chalice Well bis heute nicht. Einige Forscher haben ihn jedoch in jüngster Zeit in Augenschein nehmen können. Dabei stellte sich heraus, dass das Objekt aus saphirblauem Glas um 1880 in Venedig entstanden sein könnte.

Es ist unwahrscheinlich, dass die Ritter der Tafelrunde einst um diesen Tisch gesessen haben. Aber die kreisrunde Platte beeindruckt jeden, der sie in Winchester Castle besichtigt, durch ihre Größe und ihre Gestaltung.

Der Gral – ein ewiges Geheimnis

Bereits die erste literarisch fassbare Geschichte über den Heiligen Gral, nämlich die von Chrétien de Troyes von 1180, ist unvollendet geblieben. Warum der Autor sie nicht beendete und den Lesern mehr über die Herkunft und das Aussehen des Grals erzählte, wird wohl niemals geklärt werden können. Der Gral bleibt das größte Mysterium des Abendlandes. Hier hat er weitestgehend seine Wurzeln, wenn auch einige ideengeschichtliche Einflüsse des Islam und der altpersischen Glaubensvorstellungen nachweisbar sind. Wer die verschiedenen alten und modernen Texte zum Thema Gral liest, kann sich des Eindrucks nicht erwehren, dass der Gral ein großer Mythos ist, der in der Psyche des Menschen seinen Ursprung hat. Nicht wenige moderne Forscher deuten ihn als weibliches Symbol, weil er als Schale empfangen und aufnehmen kann, und die ihn begleitende, Blut tropfende Lanze als männlichen Phallus. Gerade die Mehrdeutigkeit und Unbestimmbarkeit des Grals – Kelch, Stein, Schale, Kessel, Voto Santo – entzieht sich jedoch einer eindeutigen Interpretation seines wahren Wesens. Damit kann er auch von zukünftigen Generationen immer wieder neu entdeckt werden.

Für die Templer ist der Gral vermutlich jener Kelch gewesen, den Jesus beim letzten Abendmahl benutzte. Andere Forscher vermuten dagegen, dass die Schwertbrüder mit dem Gral die leiblichen Kinder von Jesus und Magdalena ausfindig machen wollten.

Oben: Das Musical „Monty Python's Spamalot" basiert auf dem Film „Monty Python and the Holy Grail" (deutsche Fassung: „Die Ritter der Kokosnuss") und behandelt das Artus- und Gralsthema sowie das englisch-französische Verhältnis im „Lichte des Gralsgeschehens" satirisch.

Bild für das ewig Göttliche

Es ist auffällig, dass der Gral zwar mit großer Leidenschaft, aber auch mit viel Mühsal und Gefahr für die Suchenden verbunden ist. Sie müssen sich innerlich wandeln, um den Gral für sich gewinnen zu können. Das legt die Vermutung nahe, dass der Gral Symbol für das ewig Göttliche im Menschen ist, das sich, wie es die Mystiker ausdrücken, nach dem Menschen sehnt. Insofern muss der Gral immer wieder von Neuem errungen werden – eine Aufgabe, der sich der Mensch ein Leben lang stellt und die nie zu Ende gebracht werden kann. Solange dies geschieht, wird der Gral lebendig bleiben und im Laufe der Geschichte weitere, bis dahin nicht gekannte Facetten zeigen.

Rechts: Wie man sich auch immer den Gral vorstellen mag, er ist nicht zu fassen und lebt gerade deshalb in der Fantasie der Menschen weiter. Alles, was man nicht genau identifizieren kann, ist Gegenstand für Spekulationen und Mythen.

ZEITTAFEL DES GRALS

30 Letztes Abendmahl von Jesus mit den Aposteln in Jerusalem. Dabei wird ein Kelch benutzt.

62 Petrus bringt den Gral – die Abendmahlsschale – nach Rom.

Einfühlungsvermögen und Fantasie für die Opernwelt des Grals musste auch Max Bruckner haben, der die Bühnenbilder für Wagners Parsifal schuf. Dabei passen sich die Kulissen in Bayreuth bis heute dem jeweiligen Zeitgeist an.

67 Vermutliche Hinrichtung von Petrus in Rom.

70 Zerstörung Jerusalems durch die Römer.

485–488 Artus kämpft gegen die Angeln.

493 Artus siegt in der Schlacht von Badon über die Angeln und Sachsen.

519 Tod von König Artus in der Schlacht von Camlann.

717 Ein Einsiedler in der Bretagne soll erstmalig über den Gral schreiben.

924 Gründung des Klosters San Juan de la Peña

1099 Die Kreuzritter erobern Jerusalem.

1071 Die Gralsschale kommt nach San Juan de la Peña.

1100 In den „Chroniken von Mont St. Michel" wird Artus als König von Britannien erwähnt.

1119 Gründung des Templerordens in Jerusalem.

1120 Das Nordportal der Kathedrale von Modena wird mit einer Artusszene verziert.

1135 Geoffrey von Monmouth schreibt seine „Geschichte der Könige von Britannien" und legt die „Artus-Tradition" erstmals schriftlich nieder.

1150 Dietrich von Flandern bringt Jesus' Blut nach Brügge.

1159 In einer portugiesischen Schenkungsurkunde an die Templer wird der Gral im Siegel erwähnt: „Por tuo Gral".

1165 Im Fußbodenmosaik der Kathedrale von Ortranto wird König Artus erwähnt.

1180 Chrétien de Troyes schreibt den „Perceval".

1895 schuf Edwin Austin Abbey das üppige Gemälde „Galahad at the Castle of the Grail", das einmal mehr deutlich macht, wie sehr die Vorstellung vom Gral die Phantasie der Künstler angeregt hat.

1190	Die Mönche der Abtei Glastonbury wollen die Gebeine von Artus und seiner Frau Guinevere gefunden haben.
1199	Robert de Boron schreibt seinen „Roman von der Geschichte des Grals".
1210	Wolfram von Eschenbach verfasst den „Parzival".
1200–1240	Die Romane „Didcot-Perceval", „Graal" und „Die Suche nach dem Heiligen Gral" entstehen.
1244	Die letzte Katharerburg Montségur fällt.
1314	Auflösung des Templerordens.
1437	Der Gral von San Juan de la Peña kommt nach Valencia.
1469	Sir Thomas Malory schreibt „Le Morte d'Arthur".
1850	„Lohengrin" von Richard Wagner wird uraufgeführt.
1882	„Parsifal" von Richard Wagner wird in Bayreuth uraufgeführt.
1936	Der Deutsche Otto Rahn sucht den Gral am Montségur in den Pyrenäen.
1940	Heinrich Himmler (SS) lässt in Montserrat/ Spanien nach dem Gral suchen.
1982	Papst Johannes Paul II. feiert in Valencia die Messe mit der sogenannten „Abendmahlsschale".
1991	„The Holy Blood and the Holy Grail" von Michael Baigent, Richard Leigh und Henry Lincoln erscheint.
2003	„The Da Vinci Code" von Dan Brown erscheint und wird 2006 verfilmt.

Maria Magdalena und der Gral gemeinsam auf einem Kirchenfenster. Der Künstler scheint den Betrachter aufzufordern zu wählen: entweder die Abendmahlsschale oder Magdalena als „Gefäß Gottes".